CONGRÈS INTERNATIONAL

DES ORIENTALISTES.

Ire SESSION — PARIS — 1873.

UNE CRÉATION SCIENTIFIQUE FRANÇAISE.

LE PREMIER
CONGRÈS INTERNATIONAL
DES ORIENTALISTES

PARIS — 1873

PAR

JULIEN DUCHATEAU,

MEMBRE DU COMITÉ D'ORGANISATION DU 1ᵉʳ CONGRÈS INTERNATIONAL
DES ORIENTALISTES, ET MEMBRE DU CONGRÈS DE LONDRES,
MEMBRE DU CONSEIL DE LA SOCIÉTÉ D'ETHNOGRAPHIE,
SECRÉTAIRE DE L'ATHÉNÉE ORIENTAL, ETC.

E pur si muove.

PARIS
MAISONNEUVE ET Cⁱᵉ, | Mᵐᵉ Vᵉ BOUCHARD-HUZARD,
15, QUAI VOLTAIRE. | 5, RUE DE L'ÉPERON;
ET CHEZ L'AUTEUR, 49, RUE DES POISSONNIERS.

1875.

LE CONGRÈS INTERNATIONAL DES ORIENTALISTES.

COMPTE-RENDU

DE LA SESSION INAUGURALE A PARIS, EN 1873.

Par JULIEN DUCHATEAU.

I

Les Congrès internationaux d'anthropologie et d'archéologie préhistorique, dus à l'initiative d'un savant français, M. Gabriel Mortillet, et dont la première réunion a eu lieu en 1866, à Neuchâtel (Suisse), ont déjà rendu des services signalés aux études relatives aux temps archaïques de l'histoire de l'homme. Ils ont fait plus : ils ont élevé ces études, qui, naguère encore, n'étaient accueillies des savants officiels qu'avec le sourire de l'incrédulité, à la hauteur d'une science certaine, autonome, je dirais presque populaire. Toutes les nations éclairées se sont fait un devoir de participer à ces Congrès, et toutes ambitionnent l'honneur d'en réunir les membres dans une de leurs cités. Après la Suisse, cet honneur a été accordé à la France, à l'Angleterre, au Danemark, à la Belgique; il le sera, l'année prochaine, à la Suède, où le Congrès aura pour président le souverain lui-même de ce royaume.

Ces Congrès ont valu à la science un autre avantage dont on aurait tort de ne pas tenir compte. Les princes et les peuples ont appris à vénérer les savants et à les seconder du concours de leur puissance. N'est-ce pas, en effet, la considération qui vient tout naturellement à l'esprit, lorsqu'on voit, au dernier Congrès de Bruxelles, deux rois, — deux rois éclairés, il est vrai, — le roi de Danemark et le roi de Suède, accréditer des agents pour les représenter près d'une assemblée d'hommes de science, et une Municipalité d'Italie, celle de Bologne, envoyer des délégués pour remettre à quelques-uns des membres les plus zélés le titre de *Citoyen* de leur Ville?

Et cependant, cette grande œuvre des Congrès préhistoriques n'avait point pour promoteurs des fonctionnaires puissants, des savants patentés. Un homme de mérite, mais sans uniforme brodé et sans décorations, avait eu l'idée de ce Congrès. Il communique cette idée à une modeste Société savante italienne, la *Société des sciences naturelles*. Cette Société en comprend de suite l'avenir et la portée. Sans amour-propre national mal placé, avec cette bienveillance qui caractérise les véritables savants et les invite à s'associer à toute œuvre utile, sans s'informer des brevets académiques de son auteur, elle assure M. Mortillet de son appui, de son concours effectif. Les Congrès internationaux d'archéologie préhistoriques sont fondés ; leur durée est garantie par le concours de toute la science européenne.

Le Congrès international des Orientalistes, qui a tenu sa première session à Paris du 1er au 11 septembre dernier, doit également son origine à une initiative toute française, et au dévouement de quelques hommes éclairés, qui ont eu surtout le mérite de croire qu'on pouvait encore faire quelque chose en France sans s'être reposé préalablement dans un fauteuil d'immortel et sans s'être assuré la haute protection du gouvernement.

L'idée première de ce Congrès appartient à M. de professeur Léon de Rosny, fondateur des études japonaises en

M. DE ROSNY, PRÉSIDENT DU PREMIER CONGRÈS DES ORIENTALISTES.

France, et l'un de nos sinologues les plus autorisés : son

développement, sa réalisation, M. de Rosny le doit au précieux concours d'un Comité national organisé par ses soins, et en tête duquel il est juste de citer surtout M. le capitaine du génie Le Vallois, orientaliste, M. Édouard Madier de Montjau, voyageur dans l'extrême Orient.

Suivant la pensée du fondateur, le premier Congrès des Orientalistes devait s'occuper particulièrement des Études Japonaises, et subsidiairement, de toutes les autres branches des Études Orientales. Vingt et une séances de jour et de nuit également bien remplies, une splendide Exposition des Beaux-Arts de l'Extrême Orient, due aux soins de MM. de Longpérier, membre de l'Institut, et Cernuschi, voyageur en Chine et au Japon, tels sont les principaux articles inscrits à l'avoir de cette grande entreprise internationale.

On comprendra qu'il ne nous est point possible de rendre un compte détaillé des innombrables matériaux réunis dans ces vingt et une séances, et dont la publication entière fournirait au besoin la copie nécessaire à six gros volumes in-8. Ces matériaux seront condensés dans deux forts volumes, ornés de gravures et imprimés avec le concours de toutes sortes de caractères orientaux. Au point de vue de l'érudition, les travaux du Congrès auront, entre autres mérites, celui de protester contre l'envahissement du charlatanisme dans les Études orientales, et de montrer comment la science libre et jeune entend continuer en France la grande tradition des Silvestre de Sacy, des Quatremère, des Champollion, des E. Burnouf; cette tradition qui veut qu'un orientaliste ne soit pas seulement un traducteur public, mais un homme qui joigne à la solide connaissance d'un idiome asiatique l'esprit de divination philologique qui déchire les voiles de l'inconnu, et l'esprit philosophique qui donne la raison des choses.

II

Les travaux du Congrès des Orientalistes ont été ouverts dans le grand amphithéâtre de la Sorbonne, sous la présidence de M. l'amiral Roze, membre du Comité national d'organisation, et ancien chef de l'expédition française au Japon et en Corée. — Cette séance solennelle, au lustre de laquelle contribuait l'excellente musique de la garde républicaine, a été consacrée à une distribution de récompenses aux ouvriers qui ont rendu des services par la typographie aux Études orientales.

La séance de l'après-midi était présidée par M. Samésima, ambassadeur du Mikado du Japon, à Paris. Le jeune et intelligent diplomate a prononcé, à cette occasion, un discours composé dans un excellent français, et dans lequel il insistait sur le précieux concours que le Congrès était appelé à prêter à son pays, en s'occupant d'établir un alphabet européen, à l'aide duquel il serait possible d'écrire le japonais.

« Nous posons ici, en ce moment, a dit, en terminant, M. Samésima, les fondations d'une association mutuelle pour le bien de tous; mais je ne crois pas que je puisse être accusé d'égoïsme national, si j'avoue franchement que j'espère que mon pays profitera plus que l'Europe de votre travail, car nous avons plus besoin de votre secours que vous n'en avez du nôtre. »

L'ordre du jour appelait la discussion sur les questions relatives aux plus anciens monuments de la civilisation japonaise. M. de Rosny a montré l'utilité de déterminer des époques précises dans les recherches sur l'archéologie du

Japon. La première, dite *kourilienne* ou *préhistorique*, comprenant l'âge durant lequel les Aïnos occupaient la plus grande partie, sinon la totalité de l'île de Nippon, se termine à l'arrivée, dans cette île, du conquérant Zinmou. Cette période doit être considérée comme étrangère à l'histoire japonaise proprement dite, car l'empereur Zinmou était un nouveau venu, un étranger dans la grande île de l'Asie orientale, et les dieux ses ancêtres étaient des dieux étrangers.

La seconde période, dite *proto-yamatéenne* ou *semi-historique*, date de l'établissement de Zinmou dans le pays de Yamato (667 ans avant J. C.), et se termine à l'arrivée, dans ce pays, d'une ambassade du prince coréen de Amana, laquelle établit pour la première fois des relations entre les Japonais et les habitants de la terre ferme (53 avant J.-C.).

La discussion s'est alors engagée sur l'existence très-contestable d'un âge de la pierre, au Japon. MM. J. Duchâteau et M. Madier de Montjau ont critiqué les faits signalés jusqu'à présent sur cet âge, et MM. Nomura (indigène), Paul Ory, J. Sarazin et L. de Zélinski ont traité des bijoux dits *magatamas* et *kinkouans*, dont les anciens tombeaux japonais fournissent de si nombreux spécimens. Ils se sont ensuite efforcés de préciser l'usage de ces bijoux, dont l'origine aïno paraît avoir été admise par l'Assemblée.

Après quelques communications sur les anciens bronzes, au point de vue de l'art, par MM. de Longpérier, Geslin et Sarazin, M. de Zélinski a traité du nom des couleurs chez les Japonais. Ces intelligents Orientaux voient les couleurs tout autrement que nous : certains verts leur paraissent bleus (et *vice versâ*). Ils appellent *jaune-clair* la couleur azurée du firmament. M. Silbermann et Mme Clémence Royer ont cherché à expliquer, par des arguments empruntés à l'anatomie et à la physique, les singulières particularités philologiques relatives aux couleurs qui étaient exposées au Congrès.

III

La séance du mardi matin a été l'une des plus importantes, bien qu'elle n'ait point eu pour le public l'attrait de la plupart des autres réunions.

Il s'agissait d'établir une entente entre les Japonais d'une part, et les japonistes des divers pays de l'Europe d'autre part, à l'effet d'adopter un mode unique de transcription des textes japonais en lettres européennes.

On sait que l'écriture japonaise, qualifiée, par les anciens missionnaires, d'*artifice diabolique contre les Ministres de l'Évangile*, est une des écritures les plus compliquées du monde. L'écriture des anciens Assyriens et des Babyloniens est d'une simplicité exemplaire à côté de celle du Nippon. Avec toutes les formes cursives de ses signes, c'est par centaines de mille qu'il faut compter les caractères de cette étonnante calligraphie.

La question abordée par le Congrès n'était pas seulement une question d'alphabet. Il s'agissait, pour arriver à un résultat sérieux, de trancher toutes sortes de questions de lexicographie et de grammaire. Aussi est-ce seulement après trois séances, dont une de nuit, que le Congrès a pu considérer son projet comme réalisé. C'était un tableau vraiment intéressant que de voir, dans une assemblée d'Orientalistes venus de toutes les contrées du monde, discuter, jusqu'à près de minuit, avec une animation toujours soutenue par de solides arguments, ces problèmes minutieux de linguistique au milieu du grand amphithéâtre de la Sorbonne, éclairé *a giorno* pour la circonstance. Les résultats obtenus dans ces réunions, où s'est particulièrement signalé M. le capitaine du Bousquet, interprète de la légation de France à Yedo, seront certainement au nombre de ceux qui feront le plus honneur au Congrès de 1875.

IV

La séance de l'après-midi avait d'ailleurs obtenu un légitime succès, et intéressé la nombreuse assemblée qui s'y était rendue. Le Congrès avait eu à traiter de l'organisation politique, économique et commerciale du Japon.

M. Ed. Madier de Montjau, qui, pendant plusieurs années de séjour en Chine et au Japon, a fait une étude toute spéciale des ressources de ces deux pays, a exposé, avec une rare lucidité, la situation actuelle de l'Extrême Orient, tant en elle-même qu'au point de vue des intérêts européens qui y sont engagés. Il a d'abord exposé l'historique des transformations qui se sont opérées dans le système politique et social du Japon, depuis la célèbre expédition du commodore Perry, en 1852, qui ouvrit au commerce étranger plusieurs ports de cet empire d'une part, et depuis le renversement du pouvoir des Taïkouns, ou Maires du Palais, d'autre part. Le gouvernement japonais a toujours été, plus ou moins, un gouvernement anonyme. Personne, dans l'État, ne veut y prendre formellement la responsabilité d'aucune décision. Les ordres écrits sont de toute rareté dans ce singulier pays. Sous la domination des Taïkouns, on feignait de considérer le Mikado comme le véritable souverain, bien qu'il fût relégué dans une sorte d'emprisonnement somptueux, où il ne prenait aucune part aux affaires du royaume.

Et cependant le Taïkoun, qui avait substitué son autorité

à celle du Mikado, ne gouvernait pas encore par lui-même.

Il y avait à Yedo un Conseil secret, qui rappelait le célèbre Conseil des Dix de la République de Venise, et ce Conseil, ou quelqu'un de ses Membres, avait toute l'initiative des mesures politiques. Sous la domination actuelle du Mikado, réintégré sur le trône que ses ancêtres avaient occupé plus de vingt-quatre siècles, il semble que le même système doive toujours prévaloir. Au milieu des innombrables engrenages d'un gouvernement qui se modifie sans cesse, qui crée de nouvelles lois sans avoir l'intention de rapporter les anciennes, qui semble encourager des réformes aujourd'hui pour les condamner demain, qui se montre disposé à détruire toutes les institutions du passé sans dire, et probablement sans savoir, quelles doivent être celles de l'avenir ; au milieu de cet incroyable *tohu-bohu* d'une nation qui court fiévreusement dans un champ illimité de révolutions, au gré de l'imprévu et du hasard, on cherche vainement quel est le rouage principal qui donne le mouvement à cette grande machine déréglée.

Prévoir ce qu'il adviendra de cet incroyable bouleversement social est chose impossible à tous égards. Que dire, en effet, d'un peuple qui renonce en quelques jours à toutes les coutumes, à toutes les institutions de ses pères, qui vend à l'enchère ses temples et ses dieux, qui se fait gloire de proclamer toutes les extravagances politiques de l'Occident qu'il prétend vouloir imiter dans ses tendances *les plus avancées*, qui, par l'organe de ses représentants les plus distingués, fait l'éloge de toutes nos protestations antireligieuses, sans chercher à se créer au moins une philosophie, qui parle avec une sorte de satisfaction approbative des *doctrines* de notre Commune révolutionnaire, etc. ?

Ce que l'on peut dire, c'est que le Japon offre, en ce moment, à l'historien philosophe, un tableau essentiellement original, et dont les annales du passé lui fourniraient difficilement quelques traces. Si l'on ajoute que cet incroyable mouvement de transformation sociale est secondé par une presse active et par toute une littérature aussi féconde que possible, on acquerra du moins la certitude que peu de pays sont plus intéressants à étudier aujourd'hui que cet archipel révolutionnaire de l'Extrême-Orient.

Nous ne saurions rapporter ici, sans dépasser de beaucoup les limites que doit avoir cet article, les intéressantes discussions qui se sont élevées au sein du Congrès, sur les questions relatives à l'Armée, à la Marine, à la Magistrature, à l'Administration et au Commerce du Japon.

On nous permettra seulement de citer les communications qui ont été faites sur le développement de l'Instruction publique et sur la condition de la femme au Japon.

M. le capitaine Albert du Bousquet, secrétaire-interprète de la Légation de France à Yedo, a vivement intéressé l'auditoire en montrant les louables efforts du gouvernement japonais pour répandre l'instruction dans toutes les classes de la population.

Les études chinoises, qui tenaient au Japon la place qu'occupent les études grecques et latines en Europe, sont de jour en jour plus négligées. Dans un temps assez prochain, elles disparaîtront complètement du programme des études indigènes.

En revanche, les langues et les sciences européennes y sont en grande faveur. Le hollandais fut, pendant longtemps, la seule langue qui fut connue par la majorité des interprètes japonais. Depuis l'ouverture du Japon, l'anglais est devenu l'idiome le plus étudié par ces derniers. Le français, qui commençait à entrer en faveur, a perdu beaucoup de son importance aux yeux des indigènes depuis nos derniers désastres, et l'allemand, qu'on n'étudiait point à Yedo, a été abordé par de nombreux élèves. Une circonstance singulière a suffi, cependant, chez ces Orientaux au caractère si mobile, pour rendre à notre langue une partie au moins de ses prérogatives.

Lors de la visite, au Japon, du fils de l'Empereur de Russie, le corps consulaire se réunit et chargea le plus ancien de ses membres de porter la parole, en son nom, pour souhaiter au Prince Alexis la bienvenue sur le sol de Yokohama.

Or cet honneur échut au Consul général de Prusse, qui prononça, à l'arrivée du Czarewitch, un beau discours en langue germanique. Lorsqu'il eut achevé son *speech*, le Prince lui répondit, en français, à peu près dans ces termes : « Je vous remercie, Monsieur le Consul, des paroles très-vraisemblablement gracieuses que vous venez de m'adresser; je regrette donc de n'avoir pas pu les comprendre, car je ne sais pas l'allemand. »

Cette réponse frappa l'esprit des Japonais ; et, comme de grands enfants, on les vit, en foule, courir chez les libraires pour acheter toutes les grammaires et les dictionnaires français qu'on pouvait y rencontrer.

Le soir même, on eût vainement cherché à se procurer un exemplaire quelconque de ces ouvrages dans la localité.

Tout le monde apprenait le français !!!

Un savant orientaliste polonais M. Baumfeld, s'appuyant sur la condition de la femme au Japon, cherche à démontrer qu'une civilisation qui fait si bon marché de toutes ses croyances religieuses est une civilisation profondément immorale. Il cite, à l'appui de son opinion, cette habitude qu'ont les femmes japonaises de prendre des bains en public, devant leur habitation, sans pudeur aucune et sans se préoccuper le moins du monde des conséquences d'une aussi incroyable coutume. Il cite ensuite la débauche raffinée du *Sin-Yosiwara* et le scepticisme qui caractérise, à peu près sans exception, tous les lettrés japonais qui sont venus visiter l'Europe.

M. Albert du Bousquet répondit que son long séjour parmi toutes les classes de la population du Nippon lui permettait de protester hautement contre cette accusation d'immoralité embrassant tout un peuple. M. de Rosny a rappelé l'opinion de saint François-Xavier qui disait : « En vérité, les Japonais sont les délices de mon cœur ! », et M. l'amiral Roze, qui a été à même de mettre en parallèle, *de visu*, les civilisations voisines du Japon, de la Corée et de la Chine, a soutenu que l'avantage appartenait incontestablement à celle du premier de ces pays. Quant à la femme japonaise, loin de voir, dans la pratique qu'on lui reproche, une preuve de dévergondage, il faut, au contraire, y trouver un témoignage de la simplicité toute primitive de son caractère. « La femme japonaise, a-t-il dit, est une Ève avant le péché ! »

V

Une question d'utilité toute pratique a été soulevée à cette même séance par M. Ed. Madier de Montjau, au sujet de la rédaction des actes sous seing privé, au Japon. M. de Montjau a résidé en Chine et au Japon, comme inspecteur d'un de nos plus grands établissements de crédit ; il a étudié le caractère de nos rapports avec les indigènes et s'est rendu compte des entraves qui empêchaient nos relations avec l'extrême Orient d'acquérir l'importance dont elles sont susceptibles. Parmi ces entraves, il en est une qui repose sur l'écriture si compliquée de la Chine, écriture dont on fait également usage au Japon, mais en y ajoutant toutes les difficultés qui résultent d'un tracé essentiellement cursif. On pourra juger, au premier coup d'œil, de la nature de cette écriture en jetant les yeux sur la page donnée ci-contre, à titre de spécimen.

M. de Montjau estime que le remède à la situation souvent regrettable créée par l'usage général de la tachygraphie japonaise se trouverait dans l'emploi exclusif des caractères carrés d'impression avec adjonction facultative ou obligatoire, au Japon, de signes syllabiques dits *kata-kana* et de transcription.

Nous apprenons que l'idée soumise au Congrès a été prise en sérieuse considération par le gouvernement japonais, qui a déjà eu l'occasion de l'appliquer pour plusieurs services publics.

SPÉCIMEN D'ÉCRITURE CURSIVE

USITÉE DANS LE COMMERCE AU JAPON.

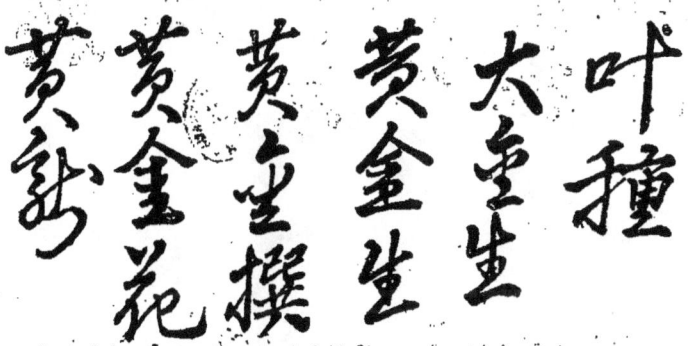

2

青蝶
蚕丛
蚕国
蚕種
暑上種
新撰
信濃撰
金銀山
金玉

挺
撰雅
て元変
手撰
挺上種

二撰
扶芸撰
光錦
挺乙竞
挺上
挺精

VI

La sixième séance de la Session a été une des plus fructueuses et des plus substantielles. La lecture des mémoires déposés sur le Bureau eût suffi à elle seule pour remplir avec intérêt cinq ou six réunions successives. On a dû se borner à des extraits, sauf à donner, dans le compte rendu imprimé, la rédaction *in extenso* des notices les plus importantes.

La question de l'origine de la nation japonaise a été une des premières posées et savamment discutées. Un érudit des États-Unis, jusqu'à présent inconnu du monde savant, mais qui, par cette seule communication, s'est brillamment affirmé, M. Addison van Name, a communiqué un travail qui jette une vive lumière sur le problème de l'histoire primitive des Japonais, et sur la valeur des documents chinois qu'on a signalés comme pouvant servir à la compléter.

M. de Rosny, de son côté, a fourni le résultat de ses longues études sur les premières périodes de la civilisation japonaise, qu'il subdivise en deux époques : la première dite *kourilienne* ou *préhistorique*, comprenant l'âge durant lequel les Aïnos occupaient la plus grande partie sinon la totalité de l'île de Nippon ; la seconde dite *proto-yamatéenne* ou semi-historique, datant de l'arrivée de l'empereur *étranger* Zinmou dans la province de Yamato, 667 ans avant notre ère, et terminant à l'arrivée au Japon, en l'an 53 de notre ère, d'une ambassade du pays d'*Amana*, laquelle établit pour la première fois des relations entre les Japonais et les nations de la terre ferme.

Les rapports des Japonais avec les peuples habitant les régions situées en dehors de leur archipel préoccupent depuis longtemps les ethnographes et les orientalistes. Il serait sans doute exagéré de dire que ce grand problème a été complétement résolu au Congrès de 1875 : on ne peut nier du moins qu'il y ait été considérablement élucidé. De la longue discussion qui s'est engagée sur ce sujet et des nombreux articles et mémoires qui ont été remis à la Commission de publication pour l'impression du *Compte-Rendu*, il me semble résulter une théorie ethnographique qui peut se résumer à grands traits de la manière suivante :

Les Japonais, comme l'a démontré M. X. Gaultier de Claubry, n'ont eu que fort peu de relations avec les peuples de l'Océanie, bien qu'ils aient eu les uns et les autres des aptitudes très-prononcées pour la navigation. Des rapprochements curieux ont été cependant constatés par l'étude des populations des îles Philippines, et M. le comte de Montblanc a fourni à ce sujet le récit d'importantes observations faites pendant son séjour dans le pays des Tagales.

Les relations des Japonais avec l'Amérique semblent également problématiques, malgré les efforts faits par M. l'abbé Pipart pour les établir scientifiquement. Le parallèle des zodiaques japonais, mexicains et chinois, présenté par le savant de Vernou-sur-Brenne, offre cependant des traits étonnants de ressemblance qu'il est bien difficile d'attribuer au seul hasard. On est encore plus tenté de se laisser aller dans cette voie de rapprochements ethnographiques, quand on réfléchit à la curieuse notice fournie par M. Madier de Montjau sur les *bettau* et sur le tatouage chez les Japonais.

Mais la question ethnique se complique par les renseignements fournis par M. Duchâteau sur les *Aïnos* ou population autochthone de l'ancien Japon et des îles actuelles de Yézo, de Krafto et des Kouriles. Des photographies de ces indigènes, communiquées au Congrès par M. Augustus Wollaston Francks, de Londres, viennent à leur tour ouvrir la carrière aux hypothèses les plus incroyables. L'un de ces indigènes a un type qui rappelle de la façon la plus frappante le type sémitique. Aucun d'entre eux ne présente les caractères si faciles à reconnaître de la race Jaune : ce sont des Caucasiens à peine altérés par le contact des populations mongoliques.

Mais d'où viennent ces hommes à la physionomie juive, au type caucasien? Un savant japonais, *M. Fukuti*, nous communique, à cet égard, ses idées, de la façon la plus originale. Selon lui, les Chinois n'ont participé que dans une proportion infime à la formation de la race japonaise; les Coréens y ont pris une part plus considérable, mais il faut aller plus loin, vers le cœur de l'Asie, pour découvrir la source du peuplement des îles de l'extrême Orient.

La linguistique, citée pour témoigner dans ce grand procès scientifique, vient faire au Congrès une remarquable déposition : la grammaire, aussi bien que le vocabulaire des Japonais, offre les plus étroites affinités avec la grammaire et le vocabulaire des Turcs et surtout des Finnois. Les ressemblances qu'on a constatées entre les idiomes des Suomis, des Magyars et des Ottomans sont moins frappantes, en bien des cas, que celles qui résultent de la comparaison de chacune de ces langues avec celle du Japon, et les liens de parenté deviennent incontestables lorsqu'on fait entrer en ligne les dialectes parlés en Corée et dans les autres parties de l'Asie orientale.

La séance, l'une des plus longues de la Session, s'est terminée par des communications purement linguistiques et littéraires, dues à MM. Auguste Pfizmaier (de Vienne), Imamura Warau (de Yédo), Léon de Rosny, Antelmo Severini (de Florence), Louis de Zélinski (de Nijni-Novogorod), François Sarazin et Irié Fumio. Ce dernier est un de ces érudits remarquables qu'on appelle, au Japon, un *Wa gak-sya*; il est bien regrettable qu'il n'ait consenti à communiquer publiquement qu'une partie des faits curieux qu'il rapportait volontiers en conversation, avant et après les séances. Ce qu'il a fourni au Congrès montre la haute valeur de ce qu'il eût pu lui fournir, s'il n'avait point hésité, par excès de modestie, à prendre longuement la parole.

VII

Sous la présidence d'un savant italien, M. Guido Cora, directeur du Cosmos, la septième séance a été employée à traiter des sciences chez les Japonais. On a fait, de temps à autre, de petites digressions pour parler des sciences chinoises, auxquelles MM. le capitaine Le Vallois et Sédillot ont fait une guerre qui n'a pas tourné à l'avantage des Orientaux.

M. le Dr Duteuil s'est montré, au contraire, admirateur de la botanique et de la pharmacopée du Japon, et M. Emile Burnouf a signalé une fois de plus l'intérêt que nous avons à étudier les procédés industriels de ce pays, en nous donnant la traduction d'un traité indigène sur l'indigo japonais.

MM. Ory et de Rosny ont traité de la minéralogie du Nippon.

Quant à la sériculture, non-seulement elle a donné lieu à un véritable tournoi entre les personnes qui s'étaient rendues au Congrès pour s'occuper de ce grand intérêt industriel ; mais la discussion, qui ne pouvait se prolonger, sans détourner trop longtemps l'assemblée de la voie qu'elle avait à parcourir, s'est continuée dans un comité spécial qui a eu lieu à la suite de la réunion annoncée dans le programme.

A la suite de cette séance, le Congrès s'est réuni au grand Hôtel pour fêter l'œuvre internationale dans un Banquet qui a laissé à chacun les plus agréables souvenirs.

Le lendemain matin, les membres se réunissaient au Palais des Champs-Elysées pour visiter la splendide Exposition des

Beaux-Arts de l'extrême Orient, organisée par décision du Comité central d'organisation. Cette exposition, qui a laissé fort loin derrière elle tout ce qu'on avait vu jusqu'alors dans le genre, avait été préparée par une commission à laquelle ont surtout collaboré MM. Adrien de Longpérier et son fils, et Henri Cernuschi. L'inappréciable collection de ce dernier n'a pas causé aux connaisseurs une moins grande surprise qu'une admiration pleinement justifiée. Jamais on n'avait vu une réunion aussi vaste et aussi bien choisie de bronzes antiques et modernes, depuis le colossal Bouddha de Mengoro jusjusqu'aux statuettes les plus petites et les plus délicatement travaillées. Quelques-uns des monuments de cette collection n'ont pas moins de 3,400 à 4,000 ans d'antiquité : il y en a même deux ou trois qui paraissent appartenir à une antiquité plus reculée. M. Geslin a composé sur ce vaste ensemble de monuments de l'art japonais et chinois un long et savant Rapport qui sera hautement apprécié par le monde artistique.

A côté de la collection incomparable de M. Cernuschi, les membres ont eu à visiter avec intérêt une foule d'autres collections qui, bien que plus modestes et d'une valeur beaucoup moindre, n'en ont pas moins été pour eux un objet de sérieuses études. Dans l'impossibilité d'entrer ici dans des détails, bornons-nous, pour mémoire, à citer les collections de MM. l'amiral Roze, Maron (de Yokohama), de Méritens, de Rosny, de Mme Madier de Montjau, etc., etc.

Puis, après avoir parcouru les nombreuses salles ouvertes aux visiteurs, le tableau changeait tout à coup, et l'on se trouvait au milieu d'une petite magnanerie japonaise modèle, où des vers à soie du Nippon commençaient à filer leur cocon, pendant que M. Guérin-Méneville, un des membres du Comité d'organisation dont le Congrès déplore aujourd'hui la perte, donnait les plus intéressantes explications sur la vie et l'éducation de ce précieux bombyx de l'*ultima terra* asiatique.

Mais le temps s'écoulait, et l'heure de la séance du soir obligea les membres à abandonner une visite si instructive et à tous égards si intéressante. Avant de quitter le Palais, l'assemblée voulut cependant s'arrêter un moment devant un grand et magnifique *cake-mono* qui rappelait au premier coup d'œil la fameuse fresque du Jugement dernier, de Michel-Ange, à la chapelle Sixtine. Plusieurs membres, notamment M. Silbermann, du Collége de France, ont contesté à cette peinture le caractère d'une œuvre japonaise, et n'ont pas voulu voir dans cette effrayante peinture des diverses stations de l'Enfer un produit de l'imagination bouddhique. L'opinion de M. Silbermann n'a pas été adoptée par la majorité du Congrès, qui a vu dans ce beau store une peinture religieuse essentiellement caractéristique de la doctrine du *Hotoké*.

VIII

L'après-midi, le Congrès s'est réuni à la salle Gerson sous la présidence du R. P. Langeuhoff, missionnaire apostolique au Céleste-Empire, pour s'occuper de la Chine.

Après une allocution du président, M. d'Hervey Saint-Denys, notre savant professeur, a traité d'une manière magistrale de l'ethnographie des *Miaotze*, autochthones des montagnes méridionales de l'Empire chinois, d'après l'ethnographie de Ma-touan-lin. L'éminent écrivain a montré comment il avait découvert, dans les livres indigènes, des renseignements sur ces peuples qui avaient successivement échappé à l'attention de Klaproth, d'Abel Rémusat et de Stanislas Julien,

Le document lu par ce savant, et les mémoires qu'il a publiés dans le recueil de la Société d'Ethnographie, sont aujourd'hui la source la plus précieuse à laquelle on puisse recourir pour la connaissance des populations supplantées par l'antique émigration préhistorique des Chinois au cœur du continent asiatique.

M. de Rosny a lu ensuite un fragment d'une étude sur le *monosyllabisme de la langue chinoise antique*. Ce travail, rempli d'aperçus nouveaux et composé d'une façon rigoureusement scientifique, est appelé à ouvrir de nouvelles voies pour la philologie chinoise, et à faire entrer l'idiome si étonnant du Céleste-Empire dans le cadre des recherches si utiles de la linguistique comparée de notre époque.

M. Robert Douglas, du British Museum, a lu à son tour une note sur les annales officielles de la dynastie chinoise des *Han*, dont il se propose d'entreprendre la traduction *in extenso*. On sait que ces annales forment, avec les *Sse-ki* ou Mémoires du grand historiographe Ssematsien, les premiers volumes de la vaste et très-importante collection des Historiens de la Chine, dont aucun n'a été, jusqu'à présent, l'objet d'une version en langue européenne.

Puis la discussion s'est engagée sur la question du Programme relative aux connaissances que les anciens Chinois ont pu avoir de l'Amérique avant le siècle de Christophe Colomb. Parmi les plus remarquables communications faites au Congrès sur cette piquante énigme historique, bornons-nous à citer celles de MM. Adrien de Longpérier et Madier de Montjau.

Enfin le baron Textor de Ravisi (de Nantes) a exposé, avec une lucidité égale à son érudition, les idées des Orientaux et notamment des Chinois sur les Vierges Mères de l'antiquité.

IX

Une séance supplémentaire de nuit a été tenue le 4 septembre pour terminer l'œuvre de la transcription européenne des textes japonais. A la suite de cette longue séance, dont le caractère était trop technique et trop spécial pour être ici l'objet d'une analyse, le système de transcription internationale a été adopté, et plusieurs textes ont été écrits pour servir de spécimen de la méthode nouvelle.

X

Le 5 septembre, le Congrès abordait le domaine des études tatares et indo-chinoises. La présidence avait été offerte à M. Lucien Adam, mongoliste remarquable et l'un des représentants les plus distingués de l'Ecole orientale de Nancy.

MM. Chavée et François Salomon (de Pesth) ont parlé de la classification des langues improprement appelées touraniennes, et M. de Rosny a établi les affinités étroites qui relient le vaste ensemble d'idiomes de l'Asie centrale depuis l'Europe orientale jusqu'au Japon, idiomes qu'il propose d'appeler *finno-japonais*, tout comme on a appelé *indo-germanique* le groupe linguistique auquel nous appartenons.

M. Léon Cahun a ensuite retracé la géographie préhistorique de l'Asie, et présenté la carte des contrées transhimalayennes à une époque antérieure aux derniers bouleversements géologiques qui ont produit les mers intérieures auxquelles on a donné les noms de mer Caspienne et de mer d'Aral.

La profonde connaissance que possède M. Cahun du turc oriental lui a permis de joindre à ses recherches géologiques des données linguistiques précieuses pour justifier sa théorie.

La discussion engagée sur ce sujet n'a permis de lire que par fragments les beaux mémoires de M. Conon de la Gabelentz (d'Altenbourg), sur la manière de rendre l'idée de pouvoir en mandchou, — de M. Foucaux, sur la confession auriculaire chez les Bouddhistes du Tibet, de M. Feer, sur l'entretien de Buddha et de Brahma sur l'Origine des choses, ainsi que deux curieuses traductions du siamois, la légende de Confucius, et les poésies du *Mahosot*. Le travail de M. Feer, notamment, est parmi les morceaux philosophiques empruntés à la littérature de l'Inde, un de ceux qui se lisent avec le plus de plaisir, et dans lesquels, on peut trouver le plus d'idées sur le point essentiel des deux doctrines indiennes.

XI

L'après-midi, le Congrès a terminé les travaux de sa première période par une séance relative aux études océaniennes. M. Ed. Dulaurier, fondateur des études malayes et javanaises en France, a été invité à prendre place au fauteuil. Avec la lucidité que le caractérise, le savant professeur de l'Ecole spéciale des langues orientales a présenté un exposé de ses doctrines sur l'existence et les émigrations des peuples océaniens; puis il a donné la parole au R. P. Lagenhoff (de Maestricht), qui a raconté de la façon la plus agréable son voyage au travers de l'île de Bornéo, après avoir donné un aperçu de la presqu'île de Malâka qu'il avait visitée quelque temps auparavant. M. Lagenhoff est un excellent observateur et ce qui ne nuit point, surtout dans une grande réunion, un très-agréable narrateur. Sa communication a été plusieurs fois interrompue par les applaudissements de l'assemblée. Grâce à la merveilleuse habileté des frères Duployé, sténographes du Congrès, la communication de ce savant missionnaire a été recueillie d'un bout à l'autre et de la façon la plus fidèle.

M. Aristide Marre, un de nos orientalistes qui possèdent le mieux la langue malaye, a présenté la traduction des annales indigènes des rois de Malâka, intitulées Hikayet radjà-radjà Malâka. Cet important travail a été renvoyé à la commission de publication pour être imprimé dans les *Mémoires du Congrès*.

Le même savant a déposé sur le bureau la traduction des Lois somptuaires et du Code du Cérémonial établis par le sultan Mohammed Chah, roi de Malâka, de 1273 à 1332. Ce document, accompagné de nombreuses notes, nous révèle une foule de particularités concernant les coutumes imposées à leur peuple par les souverains malays convertis à l'islamisme.

M. Schœbel a lu une note sur l'histoire de la littérature kawie et javanaise, dans laquelle il a fait connaître les périodes de transformation qu'a subies l'idiome sacré de l'Archipel indien.

Enfin M. Reboux a mis sous les yeux des membres du Congrès une collection d'instruments des sauvages actuels de l'Océanie, et a démontré leur analogie avec les instruments de la période quaternaire.

Avec cette onzième séance s'est terminée la première période des travaux du Congrès, celle qui se rattache à l'étude des peuples de l'Asie orientale. L'intérêt des séances de cette première période a été tel, que le grand amphithéâtre de la Sorbonne a toujours été rempli par un auditoire zélé et éclairé. Parfois nous avons compté plus de cinq cents personnes présentes à ces réunions. Un tel succès du début était d'un bon augure pour l'avenir. Le Congrès a donc remis au lendemain l'ouverture des travaux relatifs à l'archéologie égyptienne, aux écritures cunéiformes, aux langues sémitiques indiennes, dravidiennes, caucasiennes et néo-helléniques. Mais il ne lui a pas semblé nécessaire d'attendre la fin de cette seconde période pour décider que le Congrès se renouvellerait périodiquement dans les différents états où sont cultivées les études orientales. Il a donc invité le conseil à examiner la question d'une série successive de congrès internationaux, en émettant le vœu que des propositions lui soient faites afin de choisir le pays où serait tenue la deuxième session et d'élire, suivant les statuts, le président de cette session.

XII

La seconde période des travaux du Congrès des Orientalistes a été consacrée aux études relatives aux langues et à l'histoire des peuples sémitiques et indo-européens.

Conformément à une décision du Comité central, des rapports avaient été préparés pour faire connaître les progrès des différentes branches de la littérature orientale, depuis l'année 1867. Le Comité avait cru devoir adopter cette date, celle de la grande Exposition universelle de Paris, parce que, à cette époque, des rapports sur les différentes branches de l'Orientalisme avaient été rédigés et publiés par ordre du gouvernement français. Il s'agissait donc de continuer une œuvre entreprise quelques années auparavant.

M. Robiou a présenté un remarquable exposé des travaux

relatifs à l'histoire de l'antique Egypte, d'après le déchiffrement des inscriptions et des papyrus égyptiens. Cet exposé très-substantiel montre combien les glorieuses découvertes de Champollion le Jeune ont ouvert de voies nouvelles et fécondes aux explorateurs des vieux âges du monde. C'est un document que devront consulter toutes les personnes qui s'intéressent au mouvement de la civilisation, dans l'antique patrie des Pharaons.

Un illustre égyptologue français, M. F. Chabas, de Châlon-sur-Saône, a étudié, dans un mémoire savamment appuyé sur l'étude des textes hiéroglyphiques, la question de la vie d'outre-tombe, d'après les idées religieuses de l'antique Égypte. Cette question repose sur l'interprétation de la formule *Pire-em-hrou* du Rituel Funéraire ou Livre des Morts. On sait que ce Rituel est un des livres les plus importants du vieil empire des bords du Nil. On en a trouvé de nombreux exemplaires, plus ou moins complets, dans tous les sarcophages, et il est bien peu de momies dans les bandelettes desquelles on n'en ait découvert quelques chapitres.

L'interprétation philologique de cette formule *Pire-em-hrou* est destinée, de la sorte, à nous révéler un des points les plus essentiels de la doctrine religieuse de l'Egypte, à savoir la condition de l'homme après la mort. A notre époque, où les progrès des sciences naturelles tendent à reléguer dans le domaine des vieux mythes l'idée de la vie future et de l'immortalité de l'âme, il est d'un haut intérêt de voir comment cette idée était envisagée par un peuple auquel l'antiquité attribuait l'origine de sa philosophie et de la plupart de ses sciences. Le beau travail de M. Chabas est d'une importance considérable pour la solution de ce grand problème.

Un mémoire de M. Maspéro, aujourd'hui professeur d'archéologie égyptienne au Collége de France, où il remplace dignement notre illustre et regretté Emmanuel de Rougé, nous donne l'interprétation philologique d'une stèle qui nous fait connaître une foule de particularités curieuses sur un gouverneur de Thèbes, qui vivait sous la XIIe dynastie.

L'éminent égyptologue du Musée Britannique, M. le Dr Samuel Birch, a donné une excellente notice sur l'origine des Égyptiens et de leur civilisation. Les idées les plus diverses ont été émises sur ce grave problème ethnographique. Les uns ont voulu faire venir cette civilisation du cœur de l'Afrique, les autres ont cru devoir la faire passer par l'isthme de Suez. Ces opinions opposées ont été discutées avec le plus grand soin par le Dr Birch, et on lira certainement de la manière la plus fructueuse sa savante notice, surtout si on la compare avec les idées communiquées, il y a quelques années, à la Société d'Ethnographie, par Emmanuel de Rougé et publiées dans le XIe volume des *Mémoires* de cette Société.

M. Chalvet de Rochemonteix avait préparé un long mémoire sur les affinités des langues égyptienne et berbère. Il n'a pu en lire au Congrès qu'un court fragment, la nature même de son travail ne permettant pas, à cause de ses nombreux détails linguistiques, une lecture *in extenso* dans une grande assemblée. En revanche, le travail entier paraîtra dans le Compte rendu des travaux du Congrès, où il sera certainement fort apprécié par les juges compétents.

XIII

Le samedi 6 septembre, la séance devait être employée à

l'étude des inscriptions en caractères cunéiformes. Au début de la séance, le président a lu une lettre de M. Oppert, annonçant que l'état de sa santé ne lui permettait pas, à son vif regret, de revenir d'Allemagne pour assister à cette réunion dont il avait été chargé de grouper les éléments. En revanche, il mettait à la disposition du Congrès un Rapport étendu sur le progrès des études assyriologiques, et un Mémoire dans lequel il offrait à la grande réunion internationale la primeur de ses découvertes et de ses déchiffrements pour l'interprétation des antiques inscriptions susiennes. La lettre de M. Oppert a été accueillie par les applaudissements les plus sympathiques de l'assemblée.

M. François Lenormant a fourni une très-curieuse étude sur תמוז *Tammouz*, cette qualification archaïque du dieu solaire adolescent et mourant pour ressusciter, de ce dieu qu'on pleurait plutôt qu'on ne l'adorait. Dans cette étude, M. Lenormant a déployé toutes les ressources de sa vaste et profonde érudition; non-seulement il a précisé le rôle de ce dieu dans l'ancienne mythologie sémitique, mais il a profité de l'occasion qui lui était fournie de recourir aux textes et aux inscriptions les plus anciens, pour établir la valeur de plusieurs signes cunéiformes qui n'avaient pas été compris avant lui. Cette notice comptera certainement parmi les meilleures que l'on doit à la plume si féconde du savant professeur d'archéologie à la Bibliothèque nationale.

A son tour, M. Léon de Rosny a développé sa doctrine, au sujet de l'origine des caractères cunéiformes et de leurs rapports avec les signes usités encore de nos jours chez les peuples de l'extrême Orient. Il a, en outre, discuté la théorie suivant laquelle les signes cunéiformes seraient tous dérivés d'idéogrammes, et il a exposé les motifs qui l'engageaient à admettre, notamment, dans les divers systèmes anariens, des éléments graphiques représentant de simples sons, et analogues à nos lettres alphabétiques.

De nombreux mémoires, déposés sur le bureau, n'ont pu être lus à cette séance faute de temps, et le Congrès a dû en renvoyer l'examen à la Commission de publication.

XIV

La quatorzième séance de la Session a été consacrée aux Études sémitiques proprement dites.

Au début de la réunion, plusieurs membres, notamment MM. Halévy, Baumfeld, Philippe Berger et Latouche, ont discuté sur le sens de quelques passages de l'inscription funéraire d'Eschmunazar, roi de Sidon, que le programme de la Commission soumettait à l'appréciation du Congrès. Cette discussion, basée sur un texte où il est parlé de l'*immortalité*, a donné naissance à une savante dispute sur la question de savoir dans quelle mesure les anciens Sémites avaient eu idée de la continuation de l'existence au delà de la vie terrestre. Plusieurs membres ont rappelé un discours prononcé au Grand-Orient de France, et dans lequel M. Oppert prouvait que Moïse n'avait pas cru à l'immortalité de l'âme, et même ne s'était pas douté qu'il y eût là un problème philosophique à résoudre. M. Schœbel a exposé, à son tour, que les idées psychologiques des Anciens étaient loin d'avoir la portée qu'on leur attribue généralement de nos jours, et qu'en remontant dans l'antiquité on trouvait une forme presque toujours purement physique et matérielle à ce que la Grèce et les successeurs de sa civilisation ont transformé en un corps de doctrines spiritualistes.

M. Athanase Coquerel a pris ensuite la parole et a établi, avec une éloquence des plus remarquables, la nécessité de publier une nouvelle traduction de la Bible, qui soit exempte de toute préoccupation religieuse et dogmatique. Il a parlé ensuite d'une version française qu'il avait entreprise et qui était rédigée avec une impartialité qui est interdite au catholicisme, et qui est embarrassante à la synagogue.

M. l'abbé Laurent de Saint-Aignan (d'Orléans) a défendu le caractère des traductions catholiques de la Bible, et M. Emmanuel Latouche a parlé de l'intérêt qu'il y aurait à réaliser le projet de M. Amédée Thierry, lequel consistait à composer une Bible dont la traduction pourrait être également acceptée par les diverses sectes chrétiennes et par les Israélites.

Le Congrès a ensuite entendu la lecture du rapport de M. l'abbé Martin sur le progrès des études araméennes, et celle d'une notice de M. le Dr Albert Socin (de Bâle) sur les dialectes syriaques modernes.

L'heure avancée a permis seulement, parmi plusieurs autres communications inscrites à l'ordre du jour, d'entendre une communication de M. Joseph Halévy sur une inscription votive en dialecte carthaginois et néo-punique, découverte à Sulci, en Sardaigne, et qui n'avait pu être interprétée jusqu'à présent d'une manière satisfaisante. Il y est question d'un autel consacré aux dieux par une femme esclave pour le bonheur de son fils et de ses maîtres. M. Halévy a profité de son explication pour glorifier, en quelques paroles émues, le caractère sémitique qu'il a montré plus fraternel envers les esclaves que l'esprit occidental le plus cultivé des temps postérieurs. L'excellent parti que le savant orientaliste a su tirer, en cette circonstance, de l'inscription en question a produit la plus heureuse impression sur l'auditoire, et des applaudissements prolongés, ont témoigné, à leur tour, des sentiments de l'assemblée. Le texte et la traduction de cette inscription, dont M. Halévy avait offert la primeur au Congrès des Orientalistes, ont paru depuis lors dans le *Journal* de la Société asiatique de Paris.

XV

Le soir, la séance du Congrès avait pris le caractère d'une fête. Cette séance avait trait aux études iraniennes. La grande salle de la Sorbonne, splendidement décorée avec le mobilier de la Couronne, avait été pavoisée de nombreux faisceaux de drapeaux français et persans. Le représentant de S. M. le Chah de Perse, S. Exc. Nazar Aga, en costume officiel, suivi du personnel de sa Légation, est venu, à deux heures, présider aux travaux de l'Assemblée. « Cette séance, a écrit un de « nos publicistes les plus distingués, qui pouvait n'être que « d'apparat, a dépassé notre attente. »

M. Alexandre Chodzko, professeur au Collége de France et un de nos *persanistes* les plus autorisés, a ouvert, par une communication sur l'histoire politique et religieuse de la Perse, une discussion qui n'a pas tardé à devenir ardente et passionnée. Un journal, qui a publié chaque jour un compte rendu détaillé des séances du Congrès, *la République française*, par l'organe d'un de ses rédacteurs fort compétent dans les études orientales, a résumé ainsi qu'il suit cette discussion :

« M. Chodzko avait naturellement parlé de Zoroastre, du Mazdéisme, du Feu sacré, de la lutte éternelle entre Ormuzd et Ahriman ; il avait, sans accentuer son opinion, laissé entendre que le culte du Feu avait une origine matérielle, et procédait de l'admiration et de la reconnaissance des hommes.

« M. Jacolliot n'accepte pas cette supposition, et il développe, avec une grande facilité de parole, un système plus *rationnel* que conforme aux faits et aux textes, d'après lequel Ormuzd et Ahriman se confondraient dans Zervan-Akerèn, le temps sans cause, incréé ; le Feu, selon lui, ne serait qu'un symbole, et le Monothéisme vague sans doute, mais infus, aurait préexisté et présidé à l'éclosion de toutes les religions, fétichistes, polythéistes, dualistes, trinitaires et autres. Une multitude de rapprochements entre le *Véda* et l'*Avesta*, entre une triade hindoue dont le premier membre nous est totalement inconnu, et les très-grandes figures allégoriques de la Perse, ont intéressé, sans doute, mais sensiblement étonné l'assistance.

« Évidemment, au milieu d'applaudissements mérités par l'aisance de l'orateur, on sentait circuler je ne sais quel frisson de doute. M. Girard de Rialle se lève et pose, avec vivacité et netteté, la question suivante : « M. Jacolliot, qui « vient de nous exposer des théories si nouvelles, si inatten- « dues, possède-t-il le sanscrit et le zend, oui ou non ? » L'orateur interpellé se retranche dans sa dignité, ce qui se fait en pareil cas, et, après avoir argué de son séjour dans l'Inde et de ses études indiennes, se rassied au milieu des applaudissements. Pour nous, sa réponse ne nous a pas paru assez topique. La question, un peu brève et roide, de M. Girard de Rialle, était, en somme, fort en situation ; et, après un discours de M. Latouche, qui s'associe aux opinions de M. Jacolliot, en se fondant sur un texte assez moderne, le *Pend-nameh*, elle est reprise et traitée, sous une autre forme, avec un plein succès, par Mme Clémence Royer.

« L'allocution de l'honorable anthropologiste a été pleine de mesure et d'à-propos. Elle a contesté et, selon nous, détruit la thèse entière. Le *Zervan-akerèn* est une invention, une interprétation relativement moderne. Zoroastre n'est pas venu de l'Inde. Le dualisme Mazdéen est l'idéalisation du combat védique entre la Lumière et les Ténèbres. Le culte du Feu est la commémoration de la découverte du feu. Il se retrouve chez tous les peuples, à la base de toutes les liturgies. C'est la confusion allégorique du Feu terrestre et de la lumière solaire ou stellaire qui est l'origine même de tous les cultes. Le Monothéisme est au bout des conceptions mythologiques et non au début; il en est la conclusion, la quintessence subtilisée et non le principe.

« Une salve d'applaudissements accueille cet exposé si ferme, si lucide, si conforme aux données acquises et au développement normal de la curiosité humaine, déviée par l'ignorance, rectifiée par la science progressive, et qui, maintenant, se dégage du monothéisme lui-même, comme dernier lien, du suprême vestige de la primitive erreur.

« M. Chavée, sans aller jusqu'au bout de la méthode expérimentale, n'en confirme pas moins, en pleine connaissance de cause, les conclusions de Mme Royer, quant à l'antériorité du fétichisme et du polythéisme. Mais il se tient dans la voie moyenne, avec raison d'ailleurs, et prouve que les tendances monothéistes sont très-rapidement sorties du naturalisme antique. La concentration de toutes les forces incomprises, de toutes les causes supposées, en une puissance unique, consciente et anthropomorphe, apparaît, en effet, dans les hymnes les moins antiques du *Rig*. C'est la vérité; et pour nous, fétichisme, polythéisme, panthéisme et monothéisme sont des inductions du même ordre, qui ne diffèrent que par le degré; ce sont des équivalents de la primitive ignorance. Telle n'est pas, bien entendu, l'opinion de M. Chavée. L'orateur termine par une éloquente allusion aux brahmanes de tous les temps et de tous les pays. Ses indignations trouvent de l'écho dans l'auditoire, et des applaudissements répétés semblent parcourir dans les siècles les exploiteurs de la conscience humaine.

« L'heure avancée nous empêche d'attendre la fin, d'ailleurs prochaine, de la séance en tout digne d'un public intelligent, et plus féconde par la pensée que cent ans de néoplatonisme sorbonien. »

Nous avons cru devoir reproduire cette appréciation du Journal auquel on doit, somme toute, les comptes rendus les plus étendus, les plus complets des séances du Congrès international des Orientalistes. On nous permettra de nous étendre encore un peu sur cette séance, car nous savons que le Comité de publication a décidé qu'il ne publierait que de courts extraits des discussions, afin de conserver le plus de place possible aux très-nombreux travaux d'érudition qui lui ont été adressés, et qu'il eût été impossible de lire *in extenso*, la Session de Paris eût-elle duré un mois entier. D'ailleurs, la Commission soutient avec raison, suivant nous, que telle communication, excellente pour une réunion, n'aurait qu'une valeur secondaire dans un volume de Mémoires, où seraient fort appréciés, au contraire, des travaux dont on n'eût pu supporter la lecture en public.

M. Adrien de Longpérier vient, à son tour, prendre part dans le débat. On nous saura gré de reproduire ses paroles, si exactement reproduites par les frères Duployé, sténographes du Congrès, et publiées d'après leur copie par la plupart des journaux de l'époque.

« Je serai extrêmement bref et m'abstiendrai de toute espèce de théorie. Je demande seulement la permission de rappeler au Congrès que, lorsqu'on veut étudier les idées, les croyances de l'antique Perse, il faut s'adresser surtout aux documents originaux et à ceux de ces documents qui sont les plus anciens. M. Halévy est le seul qui ait parlé des inscriptions des Achéménides. Je ne suis pas tout à fait du même avis que lui sur l'interprétation, au point de vue religieux, de ces textes écrits d'une manière officielle sur les rochers et les monuments de la Perse, par ordre des rois eux-mêmes, qui s'adressaient à toutes leurs populations, qui employaient trois langues, afin de se faire mieux comprendre. Ces textes n'ont subi aucune de ces altérations qui peuvent se présenter dans des copies successives de manuscrits. Nous n'avons rien à y changer; il n'y a pas là de transformations ni d'erreurs de copistes.

Eh bien, pendant tout le temps du règne des anciens rois, dans ces inscriptions, nous ne voyons apparaître qu'une cause première pour tous les événements qui s'accomplissent, pour les conquêtes des provinces, pour l'institution des rois ; nous ne voyons apparaître qu'une seule et unique cause; il n'y a jamais qu'Ormuzd qui figure comme le plus grand des dieux. On voit bien, dans une petite inscription gravée à Persépolis, sous le règne d'Artaxerxès III, arriver Mithra, mais comme dieu secondaire, et c'est un exemple unique. Voilà ce que je demande au Congrès la permission de lui dire.

« Maintenant, après avoir cité ces monuments de la Perse, j'aurais à ajouter que, du temps des Achéménides, le roi, que nous montrent les bas-reliefs, en présence du dieu ailé qui plane au-dessus de lui, allume le feu qui figure là comme élément liturgique. Le feu n'est pas adoré par le roi : le roi s'en sert pour rendre hommage à la divinité. Rien de plus facile à constater, quand on examine la série de monuments que nous pouvons interroger. Cette collection d'images se continue sous les Sassanides; elle est interrompue par la dynastie des Arsacides qui, pendant

480 ans, a régné sur la Perse, depuis Antiochus II jusqu'au dernier Arsacide. Ces rois Parthes entretenaient des doctrines religieuses qui étaient essentiellement contraires aux idées du pays; ils avaient emprunté la langue grecque pour leurs monuments. Ils ont eu un culte particulier, une religion lunaire, autant que nous pouvons le voir d'après les monnaies, les seuls de leurs monuments sur lesquels il y ait des figures religieuses. Mais cela ne plaisait pas aux Perses, et cette religion a été un des plus grands leviers dont Ardeschir et son père Babek se sont servis pour renverser cette dynastie Parthe.

« Mais je laisse les Arsacides de côté, tout en faisant remarquer à M. Schœbel que, sous les quatre derniers rois Arsacides, les monnaies portent des légendes en pehlvi. J'arrive aux Sassanides. Je demande la permission de vous dire un mot sur un des plus beaux bas-reliefs de la Perse. Les bas-reliefs achéménides sont très-beaux et aussi les bas-reliefs sassanides. Ceux qui n'ont pas été en Perse peuvent en juger par d'admirables dessins faits dans le pays, et aussi par des moulages qui se trouvent au Musée Britannique et dans l'hôtel de la Société asiatique de Londres. On peut constater que la Perse connaissait la grande sculpture. Mais, dans le plus important des bas-reliefs sassanides, celui qui, à Nakschi-Roustem, représente le fondateur de la monarchie et qui est accompagné d'inscriptions, non-seulement en pehlvi, mais encore en grec, on voit le roi qui reçoit l'investiture d'Ormuzd à cheval, couronné, plus grand de taille que le roi lui-même et lui donnant la couronne. Les noms de ces personnages sont placés au-dessous de leur représentation et, près du nom d'Ormuzd écrit en pehlvi, on voit une inscription grecque : « Ceci est la figure du dieu Jupiter » *touto to prosôpon dios théou;* le Grec qu'on avait chargé de la traduction n'avait pas trouvé de meilleur équivalent du nom de ce dieu suprême que celui de Jupiter. Il faut remarquer que si le roi de Perse, qui reçoit l'investiture du dieu, a sous les pieds de son cheval une figure très-reconnaissable à ses traits, à son costume, celle du dernier Arsacide, précipité la face contre terre, sans avoir perdu sa tiare qui le caractérise parfaitement, on voit sous les pieds d'Ormuzd, Ahriman avec un serpent qui lui sert de coiffure; par conséquent, il ne s'agit pas là de dualisme, de partage à titre égal, il s'agit d'un grand dieu qui a la souveraine puissance, et puis d'un ennemi vaincu, exactement comme dans la religion chrétienne, où la personne du démon n'implique pas du tout un partage de puissance avec Dieu, mais bien un être vaincu et secondaire.

« Je demande donc aux membres du Congrès de vouloir bien regarder, par exemple, dans les beaux dessins de sir Robert Ker-Porter les figures de ces bas-reliefs et de lire la traduction si bien faite de M. Oppert, le recueil des inscriptions des Achéménides, et je crois qu'on pourra asseoir, d'une façon beaucoup plus fructueuse, des arguments qui prendront alors toute leur valeur et toute leur solidité. »

XVI

La seizième séance, présidée par le baron Textor de Ravisi, ancien gouverneur de Kârikal (Inde française), a été occupée par les études dravidiennes. Ces études, peu cultivées par les Orientalistes, ont cependant pour la philologie et pour l'ethnographie un intérêt considérable. Les langues dravidiennes, dont les plus importantes sont le *tamoul* et le *télinga*, sont les idiomes des autochthones de l'Inde, possesseurs du sol de la péninsule, avant l'invasion conquérante des Aryens.

M. de Ravisi, qui administra pendant dix ans les comptoirs français de la côte de Coromandel, fit valoir l'étude de ces langues dans une courte allocution dont nous extrayons les passages suivants :

« Pour la science occidentale, ces langues présentent un point capital, c'est que le Décan étant la partie de l'Inde où les invasions historiques du Nord se sont arrêtées aux races Aryennes qui (et qu'on remarque ce point intéressant) s'approprièrent la langue des Dravidiens, c'est là surtout qu'il faut aller étudier l'Inde préhistorique, antique et du moyen âge. C'est là qu'il faut aller chercher la vérification et la confrontation, *l'intelligence souvent, des vieux textes sanscrits contestés*; sans se contenter de le faire seulement avec les langues du nord de l'Inde.

« Si l'on considère que, dans nos deux colonies du Décan (Pondichéry et Karikal), l'on parle le tamoul, et que ce dialecte est la langue de plus de 10 millions d'hommes, chez les Anglais, nos voisins, on s'étonnera assurément que, quel que soit en France le peu de goût que nous ayons pour les études orientales, notre savante Ecole spéciale des langues vivantes ne possède pas (et n'ait jamais possédé) de chaire de langue tamoule.

« Les premières chaires qu'on eût dû créer dans cette belle institution n'auraient-elles pas dû être celles des langues parlées dans nos colonies? La langue française est, il est vrai, la langue officielle de ces contrées; mais ne serait-il pas bon et équitable, impérieux même, que les fonctionnaires (surtout les administrateurs et les magistrats) connussent, dès leur arrivée, la langue des indigènes ou tout au moins qu'ils eussent la facilité de l'apprendre et de s'y préparer avant leur départ pour l'Inde?

« A Karikal, par exemple, sur une population de 70 mille habitants, je puis avancer qu'il n'y a pas 700 natifs qui comprennent le français. Quant à moi, à mon arrivée dans l'Inde, je ne savais pas un seul mot de tamoul ; or tous mes prédécesseurs comme mes successeurs *ont tous été et sont dans la même position*. Les Anglais n'en agissent pas ainsi envers leurs sujets hindous : leurs fonctionnaires apprennent les langues du pays. Qu'il me soit donc permis de le dire, puisque je suis moi-même en cause, ce n'est pas à la hauteur de vue des progrès de la France moderne de continuer d'en agir de la sorte envers ses colonies hindoues, envers des citoyens français. Je dis *citoyens français ;* car nos établissements, qui, jusqu'en 1870, n'avaient été français que par leurs aspirations et par leur dévouement à la France, sont bien français actuellement, puisqu'ils jouissent de nos mêmes droits politiques, et qu'ils ont un député qui siége à l'Assemblée nationale, M. le comte de Richemont, mon cousin.

« Oui ! la création d'une chaire de langue tamoule serait très-utile, sans doute, à nos magistrats et à nos fonctionnaires, à nos missionnaires et à nos commerçants ; mais ce n'est pas, néanmoins, à ce point de vue que je me mets ici : c'est à celui de l'avancement des études orientales. A part M. Julien Vinson, je ne sache pas un seul orientaliste français qui possède le tamoul ; or, Messieurs, je l'affirme hautement dans ce Congrès, dans cette séance que j'ai l'honneur de présider, cette langue est digne de la plus sérieuse attention des Orientalistes, car le tamoul est l'antique rival littéraire du sanscrit qu'il a précédé, *du sanscrit langue morte* à laquelle il a survécu ! c'est l'étude du *haut tamoul* (ou tamoul sanscrisé) qui permettra à la science occidentale de pénétrer définitivement dans le chaos des choses de l'Inde, avec un nouveau fil d'Ariane.

. . . .

« Un mot encore, Messieurs, si l'on trouve encore dans les Indes françaises bon nombre d'Européens orientalistes très-distingués, notamment parmi les missionnaires catholiques, les magistrats et les négociants (dont les travaux sont malheureusement ignorés en Europe), il faut ajouter qu'on y rencontre également, parmi les Hindous, un plus grand nombre d'*occidentalistes* éminents, notamment parmi les conseils agréés (avocats) et parmi les fonctionnaires. Je pourrais mettre sous les yeux du Congrès plusieurs lettres de mes anciens administrés, écrites en français, remarquables par la hauteur des pensées et la pureté du style, irréprochables d'orthographe et admirables de calligraphie. Je n'en produirai au Congrès qu'une seule (parce qu'elle est la dernière), celle de Savarayalou-naïker, dont les chants tamouls seront un des sujets de cette séance.

« Il manque, à Pondichéry, chef-lieu de l'Inde française, une académie *franco-indoue*, c'est-à-dire une société locale composée d'*orientalistes* et d'*occidentalistes*. Cette institution, la correspondante naturelle de nos sociétés savantes orientales, serait un précieux et utile intermédiaire entre la science de l'Inde et celle de l'Europe; un brillant avenir lui est assuré : il appartient à l'initiative privée de la fonder.

. . . .

1° Dans le Malva oriental, sur les bords de la Nerbudda, près Sagur, à *Oodeypore*, s'élève un magnifique temple consacré actuellement au culte brahmanique. Une longue inscription, en caractère pâli, est gravée sur les murs.

Si l'on accepte la traduction de cette inscription, que le R. P. Burthey, missionnaire apostolique de Maduré, m'a envoyée, afin que je la produisisse et que je la défendisse devant mes collègues de la Société asiatique, de l'Athénée oriental et du Congrès des Orientalistes, ce temple aurait été un des premiers érigés dans l'Hindoustan par les disciples de saint Thomas. Ayant été délaissé pendant les grandes guerres qui désolèrent le Malwa, et étant tombé en ruines, il fut restauré vers le milieu du xie siècle. C'est *Sangaï-Vardaha*, souverain des Sags, qui entreprit et mena à bonne fin cette œuvre, et qui, pour en perpétuer le souvenir, fit graver cette inscription. Elle consacre les détails de l'imposante cérémonie de la réouverture de l'ancienne église, et rappelle les principaux points de la doctrine orthodoxe. C'est un des monuments lapidaires les plus précieux, non-seulement de l'archéologie indoue, mais de l'archéologie chrétienne.

Cette fameuse inscription a été copiée d'abord, par Princeps, puis transcrite du pâli en dévanâgari par Burck, en 1840. La traduction qui en fut faite à cette époque par Kamala-Kanta n'est qu'un *conte*, selon le R. P. Burthey. Il commence comme les contes de fées, par ces mots : « *There was a fortunate raha.* » (Voir *Asiatic Researches, or Transactions of the Society instituded in Bengal*, p. 547, année 1840, n° 401.) Ce savant orientaliste a traduit l'inscription d'Oodeypore d'une tout autre manière, en sanscrit, en tamil ou en latin, et je l'ai traduite en français, en me tenant au plus près du mot à mot latin. Qui a raison, du brahme ou du missionnaire ?... Mais une question préalable domine. Le texte produit est-il bien le *texte lapidaire réel? that is the question.* C'est, en effet, ce que se demande M. Foucaux, notre célèbre professeur au Collége de France, qui a bien voulu étudier mon travail et les indications et notes que le R. P. Burthey m'a envoyées. En tout cas, en prenant le texte hindou, tel qu'il est donné par la Société asiatique de Calcutta, on doit dire, entre autres choses : Le pandit de la Société asiatique n'a pas même trouvé le nom du *raha*, ni celui du *sculpteur*. Il nomme le premier *Suraviva*, au lieu de *Sangaï-Vardaha*, et le second *Suvala*, fils de *Sandala*, au lieu de *Devanda Saya*, fils de *Sidasaha*.

L'absurdité est évidente pour ce dernier trait; car jamais un homme, fût-il un paria (or le sculpteur de l'inscription était de sang royal, un *Putra*), ne dira, dans une inscription lapidaire, destinée à perpétuer sa mémoire, qu'il était *fils d'une canaille*, ou *Sandala*. Tel est, en effet, le sens de ce nom.

Tout le reste de la traduction de Kamala-Kanta, selon le R. P. Burthey, est à l'avenant.

Or, si le Congrès considère que la traduction du R. P. Burthey établit une multitude de faits historiques de la plus haute importance : par exemple, que ce temple (actuellement consacré au culte brahmanique) fut bâti par les premiers disciples de saint Thomas, l'apôtre réformateur (*Nadattigam-Bouddha*), en l'honneur de Marie Réparatrice (*Bagavadi*), de Marie Mère et Réparatrice (*Atty*); qu'il fut restauré vers le milieu du XIe siècle par le souverain des Sags, et que l'inscription en question est celle de la cérémonie publique de la réouverture de ce temple; que cette inscription présente un synchronisme des princes indous et musulmans régnant à cette époque, et de l'archevêque à Constantinople, du pape à Rome, etc., etc. ; si l'on considère qu'elle décrit la célébration de la messe dans un rite que j'appellerais le *rite thomiste*, et qu'elle présente une foule de détails inconnus et intéressants, il est indispensable d'insister pour connaître la vérité, c'est-à-dire pour demander à la Société asiatique de Calcutta de vouloir bien produire *un texte réel de cette inscription lapidaire*, ou un texte photographié ou pris à la brosse.

On a entendu, dans cette séance, la lecture d'un mémoire de M. Julien Vinson sur la classification des langues dravidiennes, et une notice de M. de Ravisi sur l'Inscription de la Croix, dite de Saint-Thomas, à Méliapour (Madras).

Les études indiennes, si florissantes en Angleterre et en Allemagne, sont malheureusement peu cultivées en France; et c'est probablement dans cette branche de l'érudition orientale que les savants français se seront montrés le plus faibles et le moins nombreux au Congrès international des Orientalistes. En revanche, la critique philosophique et religieuse relative à l'Inde a provoqué, aux deux réunions indiennes du Congrès, des discussions du plus haut intérêt. En effet, jamais le grand amphithéâtre de la salle Gerson n'avait été rempli d'un aussi nombreux auditoire, et le public se pressait à l'entrée pour chercher à trouver, de temps à autre, une place libre.

M. Ch. Schœbel avait été chargé, par le Comité d'organisation, de la rédaction du Rapport sur le progrès des études aryennes. Ce Rapport, faute de temps pour le lire, n'a pu qu'être déposé sur le bureau : il sera publié dans le recueil des travaux de la Session.

L'assemblée a ensuite discuté le caractère archaïque de la religion brahmanique et examiné quel devait être l'état philosophique et moral de l'Inde à l'époque où fut composé le fameux *Manava Dharma Sastra*. M. Chavée, qui possède les

Védas et les lois de Manou aussi bien que les Israélites instruits possèdent la Bible, a combattu, en citant de nombreux textes, l'idée suivant laquelle le monothéisme se rencontrait à l'aurore de la civilisation indienne. Il a soutenu que la découverte du Feu avait fondé le culte positif, et il a cherché à donner une explication des phénomènes naturels où l'imagination des poëtes a vu une intervention des forces divines. M. Eichhoff, à son tour, a pris éloquemment la défense du monothéisme primitif, et MM. Schœbel, de Rosny, André Lefèvre, Clémence Royer, Jacolliot et Halévy ont exprimé leurs idées au sujet de ce qu'il fallait entendre par le monothéisme primitif de l'Orient.

M. Ch. Schœbel a ensuite présenté un mémoire sur la manière différente avec laquelle sont conçus l'existence et l'être réel dans le *Védânta* et dans le *Sânkhya*. Ce remarquable travail est fondé sur une connaissance approfondie des sources originales de la philosophie hindoue.

XVIII

La dix-huitième séance était réservée aux études bouddhiques. Un grand nombre de membres ayant demandé la parole au sujet du procès-verbal de la séance précédente, la discussion s'est engagée de nouveau sur le terrain des idées religieuses de l'antiquité aryenne. Cette discussion a vivement intéressé l'auditoire. Aussi est-ce à regret que nous apprenons que la quantité considérable de travaux remis à la Commission de publication pour le recueil des *Mémoires* du Congrès ne lui permettra pas de publier cette curieuse discussion. La Commission prétend que les discussions intéressantes, dans une séance publique, valent rarement, pour l'impression, les travaux d'érudition proprement dite qui, par leur nature, ne peuvent guère qu'être présentés à une assemblée un peu nombreuse. Quelle que soit, dans une certaine mesure, la justesse de cette appréciation, nous ne pouvons voir sans peine passer sous silence une de ces grandes discussions qui avaient certainement pour effet d'intéresser le public aux travaux des Orientalistes. C'est après avoir assisté à une de ces séances animées, qu'un indianiste très-distingué a écrit, dans un de nos principaux organes de la presse parisienne : « Le Congrès sera clos « demain ; et plus son heure approche, plus il semble que « son importance croisse et son intérêt grandisse. »

M. Textor de Ravisi a lu un fragment du Rapport de M. Foucaux, professeur au Collége de France, sur le progrès des études bouddhiques, depuis 1852. M. Schœbel fait ensuite une communication sur le *nirvâna*, ou fin suprême des bouddhistes ; M. de Rosny expose la théorie bouddhique des atomes primordiaux, M. Silbermann traite de l'enfer d'après les idées indiennes, et MM. Jacolliot et Eichhoff reviennent, à propos de la doctrine de *Çâkya-mouni*, sur les idées religieuses des Hindous au sujet de la divinité.

XIX

La dix-neuvième séance a été présidée par M. Patkanoff, professeur d'arménien à l'Université impériale de Saint-Pétersbourg.

Cette séance devait être partagée entre les études néohelléniques et les études caucasiennes : on a d'abord entendu la lecture d'un fragment d'un Rapport très-étendu de M. Emile Legrand sur la littérature grecque moderne.

Puis M. Patkanoff a communiqué au Congrès le résultat de ses recherches pour la lecture et l'interprétation des inscriptions cunéiformes du système dit *arméniaque*, et principalement de celles qu'on a découvertes à Van et dans ses environs. Le savant professeur russe a fait un aperçu rapide de ce qu'on savait de ces inscriptions et a cité de curieux passages de l'historien arménien Moyse de Chorène, dans l'œuvre duquel il est question de ces inscriptions qu'il attribue à Sémiramis (*Chamiram*). Puis M. Patkanoff engage la discussion sur les efforts de MM. Lenormant et Mordtmann pour déchiffrer ces textes énigmatiques; il regrette malheureusement de ne pouvoir admettre les résultats auxquels ces deux savants croient être parvenus. Ce qu'on a lu dans les inscriptions de Van, ce sont les caractères qui sont communs aux Assyriens et aux anciens Arméniens; ceux qui, au contraire, sont spéciaux à ces derniers sont demeurés absolument lettre morte pour l'érudition. M. Patkanoff croit, avec raison, que, dans une telle situation, il ne faut pas espérer d'obtenir tout d'un coup des résultats généraux et décisifs, et qu'il faut se contenter de chercher, par une critique philologique bien dirigée, à éclaircir successivement quelques points du problème; c'est en partant de ce principe qu'il a pensé devoir faire part à l'Assemblée des faits qu'il croyait avoir acquis en faveur de la paléographie arméniaque.

Plusieurs mémoires relatifs à l'arménien, aux dialectes du Caucase, au grec moderne et au copte ont été renvoyés à la Commission de publication.

XX

Dix-neuf séances étaient loin de suffire pour discuter une partie seulement des questions inscrites au programme du Congrès des Orientalistes; la plupart des mémoires adressés à la Commission administrative n'avaient pu qu'être déposés sur le bureau et renvoyés à l'examen des membres chargés de publier les *Mémoires* de la session. Cependant le moment était venu de classer les travaux de cette semaine si bien remplie, si féconde en résultats utiles, si propre à servir la cause de la décentralisation des études orientales en France, et celle de l'association amicale des savants de tout pays, qui s'occupent de ces études.

La vingtième séance fut donc employée à toucher rapidement aux questions les plus importantes parmi celles qui, faute de temps, n'avaient pu être discutées dans le cours de la session présidée par M. Duchinki de Kiew. Plusieurs membres traitèrent de curieuses questions ethnographiques, notamment M. le Dr Lesbini, qui parla de la façon la plus charmante sur la condition des populations rurales de la Turquie. Un curieux travail de M. le chevalier Da Silva, architecte du roi, à Lisbonne, vint rappeler au Congrès la part que le Portugal avait prise, depuis plusieurs siècles, à la culture des langues orientales. L'Assemblée, à cette occasion, émit le vœu que le gouvernement portugais fît quelques sacrifices pour restaurer les études asiatiques dans ses états, et pour qu'une Société orientale fût constituée dans sa capitale. Nous apprenons que ce vœu n'a pas été stérile, qu'une *Associação promotora dos Estudos Orientaes e Glotticos* a été constituée à Lisbonne, et que, sous les auspices du duc de Coïmbre, frère du roi et lui-même orientaliste très-distingué, plusieurs jeunes gens vont être envoyés dans les principales villes de l'Europe, pour s'y livrer à l'étude des langues de l'Orient.

XXI

Le moment de la clôture a sonné. M. de Rosny, président, reprend en main la direction des travaux qu'il avait successivement cédée à des savants des principaux pays représentés au Congrès. L'assemblée, appelée à sanctionner définitivement le choix du pays où devra se tenir la deuxième session, vote sur les présentations du Conseil. Ce vote donne les résultats suivants : *Angleterre*, 84 voix ; *Italie*, 83 voix ; *Suisse*, 7 voix. En conséquence, l'ANGLETERRE est désignée pour le pays où se réunira le Congrès en 1874 ; le Dr *Samuel Birch*, l'illustre égyptologue du Musée Britannique, est ensuite élu président de cette Session, à l'unanimité des suffrages.

L'assemblée passe ensuite à l'examen de diverses questions administratives et financières ; elle constitue un Comité de permanence, dans l'intérêt de l'œuvre, et, après quelques sympathiques paroles de l'amiral Roze, la Session est déclarée close.

*
* *

Tel est le résumé rapide des travaux de la Session inaugurale d'un Congrès qui a ouvert une ère nouvelle pour les études orientales en Europe. Le compte-rendu de la Session, qui formera deux forts volumes in-8° ornés de nombreuses planches, sera le témoignage le plus positif de l'importance d'une telle institution. Si l'on ajoute à cela que jamais un nombre égal d'Orientalistes n'avait adhéré à aucune association scientifique, qu'un vaste système de relations et de correspondances scientifiques a été créé, que plusieurs souverains se sont inscrits pour patronner l'œuvre, on pourra dire, sans être taxé d'exagération, que les études asiatiques obtiendront certainement par ce Congrès un développement qu'elles n'avaient pas encore atteint. Les Orientalistes se connaîtront mieux, leurs livres auront un plus grand public pour les lire, et, par cela même, les éditeurs deviendront moins rares et moins exigeants.

Le Congrès se continuera en Angleterre ; puis nous avons tout lieu d'espérer qu'il tiendra ses assises successivement en Allemagne, en Russie, et même dans des pays moins importants pour nos études, mais qui ne leur sont pas moins dévoués, dans des pays qui ont déjà exprimé le désir d'offrir un jour l'hospitalité au Congrès : au Luxembourg, en Suisse, en Italie, en Portugal, en Roumanie, en Norvége, etc. Et nous ne désespérons pas un jour de le voir se transporter dans l'Orient même, où il est appelé à faire les plus magnifiques moissons.

APPENDICE.

SUR LA RELIGION DES ANCIENS PERSES.
(Réponse a M. Jacolliot.)

Madame CLÉMENCE ROYER : J'ai lu, étudié, confronté

avec soin, dans les traductions les plus autorisées, toutes les théogonies et cosmogonies connues, et sinon tous les commentaires auxquels elles ont donné lieu, ce qui exigerait plus d'une vie, du moins ceux d'entre ces commentaires qui sont considérés comme ayant le plus de valeur. Après toutes ces études comparatives, faites avec conscience, je ne suis pas moins étonnée que M. Girard de Rialle d'entendre affirmer les thèses soutenues par M. Jacolliot, et avant lui, du moins en partie, par MM. Latouche et Chodzko.

Ce n'est pas cependant, comme l'a dit M. Girard de Rialle, que ces thèses soient nouvelles ; elles sont, au contraire, fort anciennes et font, depuis longtemps, partie des doctrines les plus répandues dans les hautes sphères de notre enseignement officiel. Ces doctrines, en effet, remontent jusqu'à Bossuet, c'est-à-dire à une époque où il était d'autant plus aisé de parler de l'Orient qu'on en savait peu de chose. La thèse soutenue par M. Jacolliot, après Bossuet, est celle de la révélation faite aux premiers hommes d'un dieu unique, dont le culte s'est successivement corrompu et oblitéré par la méchanceté humaine et l'intervention du diable ; de sorte que, de divinisation en divinisation des créatures, on est arrivé à cet état peint par Bossuet d'un mot emprunté à Tertullien : *Omnia erant Deus, præter Deum*. Tout était Dieu, excepté Dieu même.

Mais, quelles que soient l'ancienneté et même la séduisante simplicité de cette doctrine, son expansion et l'autorité de ceux qui l'ont défendue ne peuvent la rendre plus conforme à la vérité des faits historiques vue à la lumière d'une saine critique ou même du simple bon sens, dégagé de toute opinion préconçue et de tout dogme *à priori*.

On ne peut admettre, par exemple, comme l'a affirmé si péremptoirement M. Jacolliot, que le monothéisme se trouve à la base et au commencement de toutes les doctrines religieuses du vieil Orient, pas plus qu'il ne se trouve aux débuts de l'évolution religieuse chez tous les autres peuples. Il est, au contraire, de toute évidence, pour les esprits non prévenus, éclairés par de sincères études, que le monothéisme est la fin des religions et non leur commencement. Partout il se présente comme une dernière phase de l'esprit humain, marchant de rétrogression en rétrogression dans la série des causes secondes, jusqu'à une cause première où il s'arrête, faute de savoir aller plus loin, dans son antériorisation anthropomorphique des phénomènes de sa propre pensée, de sa propre volonté et de sa propre conscience. Cette vérité, cette loi ne peut plus être mise en doute depuis Feuerbach.

Zarathustra, Zerdouscht ou Zerdust, comme on voudra l'appeler, Zoroastre enfin, d'après les Grecs, pour prendre le vocable le plus connu parmi nous, était déjà pour Platon ancien et très-ancien. Rien n'est plus contestable, de l'aveu d'Anquetil Duperron lui-même (1), que l'identification qu'il a voulu tenter entre le Gustasp ou Vyshtasp, qui paraît avoir été le contemporain et le protecteur du grand réformateur du mazdéisme, et Hystaspe, père de Darius, qui n'a jamais dû compter dans les dynasties royales, n'ayant pas régné lui-même; puisque son fils, l'un des sept grands de la Perso-Médie qui pouvaient prétendre au trône, ne dut son élection qu'à une révolution de palais, et, si l'on en croit Hérodote, au hennissement de son cheval. Nous n'avons aucun motif de mettre en doute le récit du père de l'histoire, qui écrivait seulement quelques siècles après ces événements,

---

(1) *Vie de Zoroastre*, par Anquetil Duperron; *Zend avesta*, p. 62, vol. I, part. II.

la sûreté des sources où il a puisé, son exactitude et sa fidélité étant aujourd'hui bien établies par tous les monuments épigraphiques découverts et déchiffrés depuis quelque temps, et par les inscriptions cunéiformes des Achémenides surtout.

L'identification également proposée autrefois entre Djemschid et Achemenès doit également être abandonnée. Car nous savons aujourd'hui par l'inscription de Bisoutoun la double généalogie des deux branches des Achémenides qui entre Achemenès et Cyrus ou Darius comptent, l'une, trois, et l'autre, quatre générations.

De l'aveu de M. Jules Oppert, il est absolument impossible d'établir un parallélisme exact entre la dynastie des princes Kéanides d'un côté, telle qu'elle est donnée par Firdousi, dans son *Shah-nameh*, et dans les documents pehlvis, sinon zends, du *Boundehesh*, qui datent des Sassanides, et de l'autre, la suite des rois de Perse, telle qu'elle la trouve établie dans Hérodote, Ctésias et les autres Grecs. D'après le Boundehesh, cette dynastie aurait régné 533 ans, de 531 à 864 avant notre ère, et l'avénement de Ke Khosrou, qu'on veut identifier avec Cyrus, serait reporté à l'an 699. Même en laissant de côté toutes les difficultés chronologiques, et lors même qu'on parviendrait à prouver l'identité du nom de *Cyrus* et celui de *Ke Khosrou*, le troisième roi Kéanide, il faudrait encore établir que *Ke Khobad*, le second de ces rois, fut Cambyse, le père de Cyrus, humble sujet d'Astyage et non roi de Perse, et que *Lohrasp*, le successeur de Ke Khosrou est encore l'autre Cambyse Achémenide, fils de Cyrus. Mais Gustasp était fils de Lohrasp, et Hystaspe ne pourrait passer pourtant pour fils de Cambyse. Hystaspe enfin n'était pas plus roi de Perse que Cambyse père de Cyrus. D'après Hérodote, il fut gouverneur de cette province, et pouvait l'être encore au moment où Smerdis le mage fut assassiné et où Darius devint roi. D'après l'inscription de Bisoutoun, Hystaspe fut général de son fils contre l'Hyrcanie et la Parthie révoltées. Anquetil Duperron identifie Darius à Ispendiar qui n'apparaît pas comme roi dans Firdousi, ni dans les documents pehlvis, lesquels donnent pour successeur à Gustasp Bahman, fils d'Ispendiar. Bahman devrait donc être Xerxès et sa fille Homaï, où Anquetil veut reconnaître Parysatis, on ne sait pourquoi ; il prendrait donc la place des trois Artaxercès? Enfin, son fils Darab serait le père du Dara, vaincu par Alexandre. C'est ici seulement que Firdousi et les auteurs persans affirment sans laisser de doute. Mais ne peuvent-ils s'être trompés eux-mêmes en essayant de rattacher leur dynastie des Kéaniens au conquérant macédonien, qu'ils font le petit-fils de leurs rois, faisant épouser par un Kéanien la fille de Philippe, qui ne serait ainsi que grand-père d'Alexandre? Ce fait seul montre toute l'incertitude et le caractère légendaire de ces histoires des Perses écrites à une date toute récente, et qui ne peuvent, par conséquent, faire autorité contre Hérodote, presque contemporain. Ni le nombre des successions au trône, ni les faits, ni les dates ne concordent entre les récits de cet historien et ceux de Firdousi, et les rapprochements que l'on a tentés sont si laborieux, si impossibles, qu'on se voit amené à reconnaître, comme l'observent MM. Oppert, Lenormant et Gobineau, que les chroniqueurs persans des époques postérieures ont eux-mêmes fait effort pour souder ainsi les vieilles légendes irâniennes aux traditions historiques de la Perse, sans trop se soucier de la vérité ou même de la vraisemblance, et encore moins de la chronologie dont ils n'avaient, sans doute, qu'une idée assez vague.

En somme, il faut conclure, comme M. Oppert, comme

M. Gobineau, comme Anquetil Duperron lui-même, que les anciens rois d'Iran, nommés Peschdadiens et Kéaniens, étaient, sans doute, des princes de la Bactriane ou des autres provinces orientales de la Perse, différents des monarques assyriens, mèdes et perses dont parlent les auteurs grecs, et en particulier que Gustasp, roi de la Bactriane, ou plutôt de l'Iran, et son fils Espendiar ou Ispendiar doivent être absolument distingués de l'Hystaspe et du Darius qui furent les chefs de la seconde branche des Achéménides d'après l'inscription de Bisoutoun. Et quant à l'époque où le Gustasp de Firdousi et du Boundehesh a vécu, elle reste très-incertaine. D'après la chronologie du Shah-nameh, Gustasp aurait commencé à régner 608 ans avant notre ère, et Zoroastre aurait apparu en 578. D'après le Boundehesh, l'avénement de Gustasp serait placé en 534, et la mission de Zoroastre en 509. Si ces dates ne sont pas très-éloignées de celle de l'avénement de Darius, il est bien permis de croire que c'est grâce à une confusion faite par les chroniqueurs persans eux-mêmes entre les faits de leurs légendes nationales et sans chronologie fixe, comme toutes les légendes des Aryas, et les traditions historiques, plus récentes, de leurs conquérants dont les dates, au contraire, avaient été fixées par les historiens grecs, de façon à ne plus pouvoir être altérées sensiblement, même dans le monde oriental. Dans la succession des rois kéaniens, on trouve pour le règne de Bahman 99 ans, selon Firdousi, 32 ans d'après le Boundehesh; pour Gustasp, 120 ans; pour Lohrasp, 120 autres années. Ke Khosrou règne 60 ans d'après Firdousi, 40 ans d'après le Boundehesh. Les deux documents se réunissent pour donner 150 ans de règne à Ke Kaous. Firdousi donne 100 ans de règne à Ke-Khobad, que le Boundehesh fait régner seulement 15 ans. Enfin, parmi les Peschdadiens, on trouve, d'après le Shah-nameh,

120 ans pour Minotcher, 500 pour Feridoun, 1000 pour Zokak, 700 pour Djemschid, ce qui fait remonter à 5435 ans le règne de Kaiomartz, qui, d'après le Boundehesh, ne remonterait qu'à 2584 ans avant notre ère. Il est donc évident ou que plusieurs de ces règnes représentent des dynasties entières sur la durée desquelles on a des notions très-vagues, ou que certains de ces règnes ont été allongés pour faire concorder certains d'entre eux avec d'autres notions historiques qu'on voulait en rapprocher. Or, il est tout aussi supposable que les chroniqueurs persans des époques récentes ont voulu rapprocher le règne de leurs rois kéaniens de l'époque d'Alexandre pour les affubler de la gloire historique des Achémenides que d'avoir reculé dans une antiquité lointaine leurs Peschdadiens, aux dépens de la vraisemblance de leurs calculs.

Ce qui tendrait à prouver qu'en effet Firdousi et, avant lui, les auteurs sassanides, du Boundehesh ont rapproché l'époque des rois kéaniens de notre époque historique, c'est l'impossibilité même que Zoroastre ait vécu à une époque aussi récente que le vi° siècle avant notre ère.

Il y a, en effet, dans le récit d'Hérodote, qui put converser à Athènes avec des Perses et avec des Grecs ayant visité l'Asie et vécu à la cour des Achémenides, un motif bien fort pour ne pas admettre que Zoroastre ait vécu dans la période de l'histoire des Perses qu'il nous retrace avec tant de détails et de précision : c'est le silence absolu qu'il garde au sujet de ce prophète. Si Zoroastre avait paru sous Hystaspe, dans le temps assez court pendant lequel celui-ci a été gouverneur ou vice-roi de Perse pour Cyrus, c'est-à-dire depuis la guerre de ce prince chez les Massagetes où il mourut jusqu'à la fin de Cambyse, ou depuis, pour Darius, son fils, et que le prophète du mazdéisme ait déterminé ce prince à faire la guerre au roi de Touran, Afrasiab, inconnu d'Hérodote, par zèle pour la nouvelle doctrine, Hérodote ne nous en eût-il rien dit? ne nous en laisserait-il rien apercevoir? Rien enfin chez Darius ne rappellerait-il les aventures si romanesques d'Ispendiar, si bien faites pour intéresser l'historien, qu'une certaine dose de merveilleux était loin de rebuter? Enfin l'inscription de Bisoutoun, si détaillée dans le récit des guerres de Darius contre les provinces révoltées de l'orient de la Perse ne dirait-elle rien de Zoroastre, s'il eût été le contemporain ou mieux la cause et l'artisan d'une de ces révoltes?

Il faut donc que Zoroastre ait apparu sous un Gustasp différent par le temps, sinon par le lieu et probablement par le lieu et le temps, de l'Hystaspe, père de Darius, et au sujet duquel il faut, dès lors, reconnaître que nous ne savons rien, sinon ce que nous en dit Firdousi dans son Shah-nameh, ou les autres chroniqueurs persans du moyen âge chez lesquels il a puisé et qui laissent tous tant de place à l'élément merveilleux et légendaire.

Hérodote se complaît à nous parler de la religion des Perses, de leurs divinités, de leurs usages, des cérémonies de leur culte. Si, en plus d'un endroit, il semble peu favorable à Cyrus et paraît tenir ses renseignements d'une source médique relativement à ce prince, cependant, dans son récit de la mort de Smerdis, il ne paraît nullement acquis à la cause des mages et parle de leur massacre avec une indifférence qui nous garantit son impartialité.

Pourtant, si Gustasp avait fait de la nouvelle doctrine de Zoroastre une religion d'État, comme cela résulte des documents perses et des récits de Firdousi, cela nous expliquerait parfaitement l'antipathie des mages mèdes pour la domination des Perses. Mais nulle part, dans Hérodote, ne paraît la trace d'une lutte religieuse. Il ne s'agit bien que d'une lutte nationale, ethnique entre les Perses et les Mèdes qui paraissent assez d'accord au point de vue religieux.

Hérodote, il est vrai, semble peu au courant de ces questions. Il paraît tomber en de singulières méprises dans ce qu'il nous rapporte des dieux de la haute Asie, auxquels il donne les noms et les attributs des dieux grecs. C'est ainsi qu'il nomme, parmi les dieux des Perses, Zeus, Uranie, Aphrodité et même Helios et Séléné. Tous les Grecs paraissent avoir commis ces confusions. Agethias disait que les Perses nommaient Zeus, Bel et Aphrodité, Mithra ou Anaïtis ; ce sont là des dieux assyriens et chaldéens, non des dieux mazdéens ; à l'exception de Mithra qu'il donne ici pour une divinité femelle et semble confondre avec Mylitta.

Cependant Hérodote prétend être bien renseigné, quand il ajoute que les Perses ont joint, dans la suite, ce culte à celui de Vénus céleste ou Uranie, qu'ils ont emprunté des Assyriens et des Arabes. Il avait donc l'intention de bien distinguer entre les dieux propres à chacun de ces peuples, car il ajoute : les Assyriens donnent à Vénus le nom de Mylitta, les Arabes celui d'Alytta, et les Perses l'appellent Mithra. Il est vrai qu'une fois ou deux Mithra, dans les plus anciens documents, y apparaît comme un nom femelle. Du reste, pour eux, Mithra était le soleil certainement, et l'on sait que le soleil pour certains peuples aryens est du genre féminin (*die Sonne* en allemand). Il peut donc y avoir là l'effet d'une différence de dialecte et un simple caprice de grammaire. C'est comme dieu mâle que Mithra se retrouve dans le panthéon des Aryens hindous. D'après saint Ambroise, Uranie est adorée chez les Africains, Mithra chez les Perses, Vénus chez la plupart des peuples. C'est la même divinité sous des noms divers, ajoute-t-il. Enfin, d'après Gronovius, ce même nom, au contraire, désignerait, selon le genre, deux divinités diverses : Mithra signifierait le soleil, et Mitra la lune.

Les Perses, au temps d'Hérodote en étaient-ils encore à l'époque mithriaque de leur culte, certainement antérieure au dualisme d'Ormuzd et Ahriman ? On en viendrait ainsi à se demander si Zoroastre n'est pas postérieur même à cette époque, si les inscriptions achéménides ne nous montraient, avec Mithra, dieu déjà très-subordonné, Ormuzd ou Ahauramazda déjà élevé à la dignité de dieu suprême, et Ahriman ou Aura-Mainyù, vaincu par lui, c'est-à-dire un mazdéisme évident et déjà bien caractérisé dès le temps de Darius. Zoroastre ne peut donc avoir été, sous Hystaspe, gouverneur ou vice-roi de Perse ou de l'Eran, même un petit prophète local, resté inconnu à Hérodote, comme Jésus en Judée, sous Tibère, est demeuré inconnu aux historiens romains. Il doit avoir précédé Cyrus, et le culte mazdéen doit même avoir été, dès lors, dans une époque de calme ou de décadence, où il faisait peu de bruit et pouvait être inconnu aux nations voisines.

Un autre fait remarquable, c'est que les livres hébreux ignorent complétement le mazdéisme et son panthéon. Non-seulement les prophètes du temps de la grande lutte nationale et ceux du temps de la captivité n'en font jamais mention, mais même les écrivains du temps de Cyrus, les scribes du retour entre ce prince et Alexandre n'en parlent pas davantage. Les Perses de Cyrus n'étaient-ils donc pas encore mazdéens ou ne l'étaient-ils déjà plus?

En tout cas, tout cela tient à renverser l'échafaudage bâti sur l'identification d'Hystaspe, père de Darius, avec le Gustasp de l'Avesta ; car, si Zoroastre eût vécu entre Cyrus et Darius, quand les rapports étaient fréquents entre les Juifs et leurs anciens maîtres, les auteurs hébreux eussent fait au moins une allusion à la révolution religieuse accomplie en Perse, et d'autant plus que le mazdéisme eût alors paru emprunter plusieurs traits au dualisme de Job. Mais si, au contraire, ce sont les Juifs de la captivité qui ont fait des emprunts au mazdéisme déjà antérieurement établi, non à Babylone, mais à Persépolis et à Suze, les auteurs du plagiat ont dû taire les sources où ils avaient puisé, et leur silence, dès lors, s'explique.

Hérodote nous donne des renseignements, non-seulement sur les dieux des Perses, mais sur les cérémonies de leur culte. Il dit qu'ils ont l'habitude de sacrifier sur les plus hautes montagnes, coutume chananéenne, syrienne, assyrienne, peut-être chaldéenne, mais qu'on n'attribue pas aux mazdéens. Ils font, dit-il, encore, des sacrifices au soleil, à la lune, à la terre, au feu, à l'eau et aux vents, et n'en offrent de tous temps qu'à ces divinités. Cette dernière assertion semblerait plus conforme à ce que nous savons du mazdéisme, au moins dans sa première période, mais conviendrait mieux à l'aryanisme hindou et aux cultes chaldéens ou assyriens.

Mais, autre part, Hérodote nous peint des coutumes si parfaitement mazdéennes, qu'il devient impossible d'en méconnaître le caractère.

« Quand les Perses veulent immoler des victimes, dit-il, ils ne dressent point d'autel, n'allument point de feux, ne font pas de libations, ne se servent ni de flûtes ni de bandelettes sacrées, ni d'orge mêlée avec du sel. Un Perse veut-il offrir un sacrifice à quelqu'un des dieux, il conduit la victime dans un lieu pur, et la tête couverte d'une tiare, couronnée le plus ordinairement de myrte, il invoque le dieu. Il n'est pas permis à celui qui offre le sacrifice de faire des vœux pour lui seul en particulier. Il faut qu'il prie pour la prospérité du roi et celle de tous les Perses en général, car il est compris sous cette dénomination. Après qu'il a coupé la victime par morceaux et qu'il en a fait bouillir la chair, il étend de l'herbe la plus tendre, principalement du trèfle, et pose sur cette herbe les morceaux de la victime. Alors un mage qui est présent entonne une théogonie, car, sans mage, il ne leur est pas permis d'offrir un sacrifice. » Voilà des détails qui démontrent qu'Hérodote s'était renseigné d'une façon bien précise, et qui, en grande partie, conviennent à la liturgie mazdéenne. Hérodote, il est vrai, fait intervenir un mage, ce qui semblerait rapporter ces cérémonies aux Mèdes; mais il pouvait confondre avec les Mobeds ou Destours mazdéens, dont les noms lui étaient inconnus, et donner aux prêtres parsis le même titre qu'aux prêtres mèdes, comme les bonzes japonais venus pour consulter M. Léon de Rosny voulaient prendre le titre de curés.

Hérodote ne savait certainement pas les langues des peuples dont il nous retrace l'histoire; de simples confusions de mots dans son récit ne peuvent donc infirmer l'exactitude des faits mêmes qu'il nous rapporte, et qu'il nous appartient de traduire et d'interpréter dans les langues de l'Orient, aujourd'hui connues pour avoir été en usage à cette époque dans les lieux dont il nous parle.

Ce qu'il faut constater, c'est que rien dans ce passage d'Hérodote n'indique la trace d'une réforme religieuse récente, mais d'un culte national établi depuis longtemps. Il faut donc que l'instituteur de ce culte ait vécu, soit longtemps avant l'époque où écrivit Hérodote, soit après, si l'on suppose que Zoroastre fut non l'instituteur, mais le réformateur de ce culte déjà ancien ; mais cette dernière supposition reporterait la date de son existence au moins jusqu'au iiie siècle avant notre ère, c'est-à-dire jusqu'à l'époque de

Platon, ce qui est impossible, puisque Platon en parle comme d'un ancien.

Zoroastre a-t-il même apparu chez les Perses? Nous n'en savons rien. Le nom de Fars ou de Perse n'apparaît que tardivement dans les documents pehlvis. Dans le Zend, il est toujours question de l'Eriène-Véedjo (*Airyana-Vaëja*, Spiegel) que l'on croit retrouver dans l'Aderbaïdjan, l'Atropatène des Grecs ou *pays du feu*. Mais l'Aderbaïdjan constitue avec l'Irak-adjemi, dont on a cru le nom dérivé de celui de Djemschid, l'ancienne Médie. Quant aux quinze lieux purs nommés dans le Vendidad, c'est avec de bien légers motifs qu'on a voulu y chercher la trace d'une migration des premiers Mazdéens, ou même des premiers Aryas, du nord-est au sud-ouest. C'est une simple énumération géographique analogue à l'énumération qui se présente au cinquième chapitre de la Genèse hébraïque, avec une prétention ethnographique, sous forme de généalogie et qu'on trouve répétée dans Ezechiel. Dans le Vendidad, ce sont les provinces connues du rédacteur de ce document, peut-être comme participant plus ou moins à la religion mazdéenne, peut-être dans l'ordre chronologique où cette religion s'y est répandue, et, s'il faut y voir la trace explicite d'une migration, le sens tout au moins en reste douteux.

Si la réforme du mazdéisme a été accomplie par Zoroastre dans l'Aderbaïdjan, c'est-à-dire en Médie, il faut que ce soit avant l'arrivée des Mèdes en ces contrées, ou au moins avant Déjocès, car, entre ce prince et Astyage, le récit d'Hérodote, si précis, ne laisse aucune place. Mais l'arrivée au pouvoir de Déjocès même, la construction d'Ecbatane, l'expansion du despotisme monarchique qui en a été la suite, peuvent avoir eu pour conséquence : d'une part, l'institution du pouvoir théocratique des Mages ou son extension et la fuite d'une partie de la population vers le Fars ou pays des Perses ; c'est-à-dire une rupture entre deux éléments ethniques relativement voisins, dont chacun a continué ensuite son évolution individuelle et qui, peut-être, étaient descendus originairement du Caucase par l'Arménie ou Erivan. Les inscriptions cunéiformes découvertes autour du lac de Van, peut-être, nous donneront, à ce sujet, quelques éclaircissements.

Nous ne savons rien, en réalité, de la religion des Mèdes ; mais tout fait penser qu'il doit y avoir eu, entre le magisme et le mazdéisme, des rapports étroits qui, plus tard, se sont scindés en deux sectes d'autant plus ennemies qu'elles étaient plus voisines, comme il convient à toutes les sectes ferventes : c'est-à-dire que le mazdéisme dut être un moment au magisme ce que le protestantisme est aujourd'hui au catholicisme. Zoroastre a-t-il été seulement le Luther des peuples de l'Irân, ou en a-t-il été le Mahomet ou le Christ ? A-t-il réformé le culte du feu, l'a-t-il fondé ? Pour moi, je penche à croire qu'il l'a réformé en lui imprimant ce caractère de dualisme qui distingue si profondément la secte mazdéenne des autres religions de l'Orient, mais dont on retrouve la trace évidente dans le livre de Job et qui, par conséquent, doit être antérieur à la rédaction de ce poëme, certainement l'un des plus anciens du recueil biblique.

En face de tant de difficultés et d'obscurités, on comprend que les critiques les plus sévères et les plus circonspects, dans l'impossibilité d'appliquer toutes les traditions et tous les documents concernant Zoroastre à un seul et même individu, aient admis qu'il a dû en exister au moins deux de ce nom, ayant vécu à des époques distinctes, séparées par de longs siècles. Ils ont admis qu'il pouvait avoir existé un Zoroastre réformateur, vers le sixième siècle avant notre ère, en 509, d'après la chronologie de l'Avesta ; vers 578, d'après

Firdousi. Le rôle de ce second Zoroastre se serait borné à affirmer de plus en plus le dogme dualiste, et à le compléter d'une cosmogonie et d'une théodicée finissant par la victoire finale d'Ormuzd sur Ahriman et peut-être par leur conciliation dans le principe supérieur de Zervane-Akerène. Cette réforme, postérieure à Cyrus, aurait pu être inconnue d'Hérodote, comme des Juifs, dont le monothéisme en aurait pu être en partie l'inspirateur. Mais alors un autre Zoroastre, celui qui a été connu de Platon, comme le fondateur, non du dualisme mazdéen, moral et dogmatique, mais du culte primitif du feu et de la lumière, opposé à l'obscurité et au froid, devrait avoir existé à une époque beaucoup plus reculée, vers les temps de Belus ou de Ninus, environ dix-neuf à vingt siècles avant notre ère. Pline, en effet, fait vivre Zoroastre 1,000 ans avant Moïse, et M. Lenormant croit cette date à peu près exacte, ce qui reporterait Zoroastre à 2,500 ans avant notre ère, c'est-à-dire 500 ans avant Ninus : cette antiquité me paraît exagérée. Hermippe, qui traduisit en grec les livres de Zoroastre, le vieillit encore, le reculant jusqu'à 6,000 ans avant la prise de Troie. Eudoxe le fait vivre 6,000 ans avant la mort de Platon, et Xanthus de Lydie, six siècles seulement avant Darius Ier, fils d'Hystaspe, ce qui est à peu près conforme à mes conclusions. Les travaux de Burnouf et de M. Spiegel sembleraient, d'après M. Lenormant, devoir faire conclure, avec M. Oppert, qu'il faut reculer jusqu'à vingt-cinq ou vingt-six siècles avant notre ère l'époque du fondateur de la doctrine mazdéenne. M. Gobineau, grâce à une identification assez aventureuse, qui ferait du Zohak de Firdousi le Déjocès d'Hérodote, et de celui-ci un allié de Ninus, arriverait à un résultat assez différent, puisqu'en restant fidèle à la chronologie si fabuleuse de Firdousi, qui fait régner Zohak 1,000 ans et Firdousi 500 ; il rapprocherait Gustasp, contemporain de Zoroastre, jusqu'à la date de 578 ans avant notre ère; c'est-à-dire après Cyrus, tout en vieillissant Ninus de cinq ou six siècles, et Déjocès de plus de quinze ou seize, sur la supputation d'Hérodote. D'ailleurs je crois avoir établi que le mazdéisme ne pouvait avoir été fondé, du moins sous sa forme primitive, entre Cyrus et Darius, et que sa seconde forme n'a pu lui être donnée qu'après ce prince et autre part que dans les provinces occidentales de la Perse connues des Grecs et des Juifs.

Du reste, la seconde forme du mazdéisme peut très-bien n'avoir pas été l'œuvre d'un homme, mais le résultat de lentes et nécessaires réformes, d'une évolution accomplie sous l'influence d'un sacerdoce intéressé à attribuer chaque nouveauté au fondateur même de la doctrine, comme les prophètes hébreux et, plus tard, les rabbins de Judée signaient du nom de Moïse leurs propres inventions ou inspirations, et, comme dans l'Inde, toute révélation était attribuée à Manou ou à Bouddha. Il n'y aurait bien eu ainsi qu'un Zoroastre, l'ancien; mais ce nom propre serait devenu depuis une désignation commune, une sorte de titre ou de désignation abstraite ne désignant aucune personnalité individuelle, et telle me semble devoir être la vérité. Dans le cours de cette lente évolution du mazdéisme, la doctrine dut subir des altérations, des effacements, des adultérations par son mélange avec les dogmes ou les pratiques religieuses des peuples voisins, et c'est une telle phase de mélange que nous peint Hérodote, qui, d'un autre côté, peut avoir lui-même confondu dans son récit les renseignements épars qu'il a pu rassembler sur le culte des diverses populations du grand empire des Perses.

Dans les récits légendaires de Firdousi, comme dans les documents zends ou pehlvis de l'Avesta, il n'est jamais question ni de Persépolis, ni d'Ecbatane, ni des autres villes de la Perse occidentale. Il est question d'Ispahan ; Firdousi y fait venir Ke-Khosrou pour y rejoindre Ke-Kaous ; mais il y a là évidemment une flatterie de poëte à l'adresse de la capitale des rois de Perse pour lesquels il écrivait. Autrement, il nous parle de Gang, résidence d'Afrasiab, de Siawushguird et de Gangdiz, fondées par Siawush, fils de Ke-Kaous, de Balkh, fondée par Lohrasp, qui y bâtit le temple du Feu. Firdousi, enfin, fait réciter l'Avesta de Zoroastre à ce même prince, père de Gustasp, sans s'apercevoir de la contradiction dans laquelle il tombera, quand, plus tard, il fera paraître Zoroastre sous Gustasp lui-même.

Dans tout cela nous avons un point de repère géographique certain, c'est la position de Balkh fort éloignée du Farsistan, mais voisine de l'Arie ou Ariane, et située entre cette province et le pays de Touran. Balkh était la ville sainte du mazdéisme, et c'était là que résidait encore l'archimage, lors de la conquête arabe. Or Balkh, qui passe, en Orient, pour la mère des villes, est identifiée par tous avec Bactres, déjà si puissante au temps de Ninus qui s'en empara vers 1960, grâce au stratagème que lui inspira Sémiramis, et qui décida la grandeur de cette princesse.

Si nous identifions le Zokak de Firdousi et du Boundehesh avec Evechoüs, qui fonda le royaume de Babylone vers 2575, c'est-à-dire un siècle à peine après la chute de Djemschid, que Firdousi place en 2675, les mille ans de Zohak finiront vers le xve ou xvie siècle, c'est-à-dire vers le temps des conquêtes de Ramsès en Babylonie, qui durent rendre alors aux peuples soumis par les rois de Babylone et d'Assyrie leur indépendance. Alors auraient commencé les 500 ans de Feridoun, qui, d'après une liste des légendes parses, représenterait une dynastie, et qui aurait commencé son règne vers l'époque ou Manythus Ier fut remis en possession du trône d'Assyrie, mais n'eut pas alors assez de puissance pour reprendre sur les provinces orientales de l'Irân les droits prescrits des conquérants Ninus et Evechoüs.

En retranchant ensuite une moitié des années que la chronologie légendaire de Firdousi donne aux règnes des autres Peschdadiens et des Kéaniens, on arriverait à faire régner Gustasp vers 725 ans avant notre ère, un siècle avant Cyrus. Homai pourrait alors être cette reine Tomyris qui vainquit le conquérant perse, et Dara, fils de Darab son fils, aurait été détrôné par lui et non par Alexandre avec lequel les chroniqueurs légendaires des temps postérieurs l'auraient confondu à dessein ; leur amour-propre national étant intéressé à supprimer le règne de ces Achémenides qui avaient détruit la nationalité irânienne pour la confondre dans celle des Perses.

Tout bien considéré, il semble de toute probabilité que l'établissement du dualisme mazdéen, et le règne des Peschdadiens et des Kéaniens, qui aidèrent à son expansion, si toutefois ces dynasties ne sont pas une pure légende inventée, du temps des Sassanides, par quelque mobed qui aura mêlé des traditions lointaines avec ce qu'il savait vaguement des règnes des rois achémenides, doivent se placer entre l'époque du premier empire d'Assyrie et celle du second. La formation de la nationalité irânienne et la réforme de Zoroastre doivent avoir été en rapport avec les révolutions politiques qui furent la conséquence de ces grands mouvements ethniques produits certainement en Europe, en Afrique et en Asie, du XXIIIe au XVe siècle avant notre ère. En effet, dans cette période se placent, et Mardocentès, le conquérant arabe de Babylone sur Chinzir, et Ramsès le Grand qui promena les Égyptiens conquérants dans la haute Asie. L'Égypte avait, peu après, à se défendre elle-même contre une invasion de peuples coalisés contre elle et sortis de l'Asie occidentale, des îles et presqu'îles de l'Europe et de la Libye. A cette époque avaient lieu les migrations des Celtes en Ibérie, des Sicanes, des Sicules et, peu après, des Ombres en Italie; des Cimmériens en Asie, où ils étaient chassés et bientôt suivis par les Scythes, et des Hellènes en Grèce. Dans ce grand remous de peuples divers, poussés et repoussés, jetés les uns sur les autres, il y eut place pour la formation de nouveaux peuples jetés dans de nouvelles frontières et tout disposés à se donner ou à recevoir des institutions nouvelles. Tout fait croire que le mazdéisme de Zoroastre, sous sa forme dualiste encore compliquée d'un reste de polythéisme panthéiste, fut une de ces institutions. Mais le dualisme mazdéen de Zoroastre n'était sans doute alors lui-même qu'une réforme d'un culte primitif, plus antique, de ce culte du feu, commun aux aryas de l'Irân et à ceux de l'Inde.

N'est-ce point même à cette époque qu'il faut rapporter l'émigration des Aryens sur l'Indus, où ils peuvent s'être réfugiés, non pas peut-être en sautant à pieds joints par-dessus l'Indo-Koo, comme on le suppose d'une façon aussi pittoresque qu'improbable, mais au contraire en passant de l'Arie d'un côté dans la Bactriane et de l'autre dans l'Arachosie, au sud des monts Paropamisus, le long du cours de l'Erymanthus qui se jetait dans le lac Arien, pour arriver dans ce pays nommé, au temps d'Alexandre, l'Inde citérieure. Dès lors, ce serait en remontant l'Indus et ses affluents, et non en les descendant, que l'émigration aryenne aurait rencontré les sources du Gange et s'y serait établie en descendant peu à peu ce fleuve.

La fuite des Abrahamites sur le Jourdain, ainsi que celle des patriarches qui emportèrent avec eux le culte d'Agni sur l'Indus, et de là sur le Gange, serait ainsi la suite très-naturelle de la conquête de l'Irân par les Babyloniens d'Evechous, les Assyriens de Ninus ou les Arabes de Mardocentès. Les ressemblances, les identités liturgiques qu'on découvre entre certains hymnes du Rig-Veda et les fragments du Zend-Avesta les plus archaïques autorisent pleinement cette supposition, que confirme l'identité des mœurs des patriarches aryas et des patriarches hébreux, ceux-ci étant seulement venus s'implanter au milieu de races différentes dont leurs descendants ont pris la langue.

Mais la réforme accomplie par le premier Zoroastre, peut-être le seul authentique, institua-t-elle dès lors le dualisme si accentué qui fait le fond de la doctrine de l'Avestâ? C'est là le point contestable. Le principe a pu être posé longtemps avant de donner tous ces développements. Il peut avoir consisté, à l'origine, dans un dualisme purement physique de la lumière et des ténèbres, du feu source de chaleur, et du froid, partout représenté comme l'ennemi du mazdéen et la production la plus méchante d'Ahriman. Le dualisme moral a pu ne venir que plus tard. Le dualisme physique, au contraire, se trouve en germe dans toutes les religions solaires de la Syrie, de la Phénicie, de l'Egypte et de la Grèce. Ormuzd, également, a été le feu avand d'être la lumière, à l'époque où Mithra représentait le soleil et, comme tel, avait le rang suprême, même sur Ormuzd, feu terrestre. Mais sous aucune de ses formes successives, à aucune de ses époques archaïques surtout, le mazdéisme ne se produit comme une doctrine monothéiste.

Dans l'Avesta-Zend on ne voit nommer qu'une seule fois le dieu suprême, conciliateur évidemment tardif des deux principes ennemis, Zervane-Akerène, le temps incréé et sans bornes. Ce passage même, pour tout critique un peu exercé à démêler les altérations successives de ces textes sacrés qui ne sont tous que des compilations successives et relativement récentes de documents d'époques diverses, a tous les caractères d'une interpolation relativement très-moderne, aussi évidemment que l'interpolation bien connue de la première épître de Jean relative à la Trinité.

Or, c'est seulement avec l'idéalisation supérieure de Zervane-Akerène, comme dieu suprême, qu'on peut dire que le mazdéisme est arrivé, non au monothéisme absolu, mais à un monothéisme relatif, soumettant une hiérarchie de dieux à un dieu suprême, comme les Grecs d'Homère subordonnaient déjà leur Olympe au Fatum, maître des dieux et des hommes. A-t-on imaginé, pour cela, de nier le polythéisme grec ?

Trouvons-nous mieux la trace d'un monothéisme primitif dans l'Inde où Agni, le feu créateur et conservateur de la vie, est dieu lui-même, comme dans l'ancien Irân, et non pas seulement instrument liturgique du culte? Dès cette époque, dont les documents nous sont restés dans les plus anciens hymnes du Rig-Veda, nous voyons à côté d'Agni, Indra, le ciel orageux qui, avec le ciel lumineux, frère de l'Ouranos phénicien adopté par Hésiode, ne constitue pas un dualisme dans le sens mazdéen, ni une trinité comme celle des Hindous plus modernes, mais un vrai polythéisme, c'est-à-dire une pluralité de dieux, d'abord égaux en dignité, de forces naturelles divinisées, considérées comme indépendantes. Ils ne se confondent pas dans une même idéalisation divine; mais Indra et Varouna ont avec Agni une sorte de parenté idéologique. Prakriti, la nature, la grande mère, la terre féconde, a le même rang encore parmi les divinités aryennes, qui, chacune séparément, est toute-puissante et immortelle, c'està-dire possède intégralement tous les attributs de la divinité que les peuples vraiment monothéistes ont concentrés sur leur dieu unique; de sorte que chaque hymne, chaque prière à l'une de ces puissances divines, considérée seule en dehors de toutes les autres, peut être prise pour la prière ou l'hymne d'un monothéiste à son dieu unique. C'est cependant bien, en réalité, la négation même du monothéisme que cette multiplicité de pairs divins, égaux en dignité et en toute-puissance, et dont chacun est tour à tour célébré comme supérieur à tous les autres par le croyant pieux qui, pour faire agréer sa prière, cherche à se rendre favorable la divinité qu'il invoque en l'exaltant au-dessus de tous ses rivaux.

Nous ne trouvons donc rien chez les Aryas de l'Inde, comme chez ceux de l'Irân, qu'un polythéisme issu de la divinisation successive des diverses forces de la nature ou de ses phénomènes, succédant à un culte à peu près unique, mais absolument fétichiste du feu. Seulement, dans l'Inde, l'imagination plus riche et plus féconde, sous un climat plus doux, rendant la vie plus facile, multiplia plus vite les réalisations anthropomorphiques des forces naturelles. Tandis que dans l'Irân, grâce à Zoroastre peut-être, qui enchaîna ce mouvement, ces réalisations multiples de l'idée divine, après avoir produit Mithra, Sosiosh, les Amschaspands, les Dews et un certain nombre d'autres divinités bientôt réduites à un rang secondaire, s'arrêtèrent à un dualisme qui, plus tard, atteignit, avec Zervane-Akerène, un dernier terme hiérarchique supérieur, c'est-à-dire l'idée d'un dieu suprême, unique, ayant puissance de réconcilier les deux adversaires éternels Ormuzd ou Ahuramazda et Ahriman Peétiaré, le mauvais, de finir leurs luttes, de mettre un terme à leurs victoires alternatives.

Mais pendant que l'Irân marchait vers la conception de

son Dieu suprême, l'Arya dans l'Inde arrivait également à concevoir son Brahma, puissance supérieure et unique dans laquelle venaient s'unifier, comme dans l'Irân, Siva le destructeur et Vischnou le conservateur. C'est, en réalité, une autre forme de la Trinité irânienne, d'Ormuzd et d'Ahriman reconciliés en Akerène. L'évolution de la pensée religieuse chez les deux familles aryennes de l'Asie a donc été successive et en même temps presque synchronique. Le synchronisme si logique des phases de cette évolution peut même jeter une certaine lumière sur l'antiquité relative des différents textes sanscrits ou zends et nous guider dans le dédale si obscur de l'histoire de ces deux grandes races et dans l'interprétation de leurs monuments épigraphiques ou artistiques.

Ce qui ne peut être mis en question, c'est que l'une et l'autre doctrine font partie du culte du feu qu'on retrouve également établi chez presque tous les peuples, au début des premières civilisations, au moment où se sont formés les premiers groupes sociaux, surtout à nos latitudes froides ou tempérées. Il paraît en avoir été autrement chez les peuples qu'un climat torride disposait à considérer le feu comme un ennemi et non comme un allié. Mais chez les habitants des climats tempérés, le culte du feu terrestre conduisit bientôt à l'adoration du feu céleste, à celle du soleil et, par une abstraction de plus, de la lumière en elle-même, séparée de sa source la plus vive et la plus constante. C'est ainsi que le culte du feu se retrouve à Babylone, sous le nom de *Bel* ou *Baal*, et sous celui de *Moloch*, en Phénicie; en Grèce, sous celui d'*Ephaistos*; dans l'Italie pélasgique, sous celui de *Vesta* ou *Hesta*, qui se perpétue à Rome. On le retrouve enfin dans toute l'Amérique, du Mexique au Pérou, où certainement Zoroastre ne l'a pas porté, en dépit de l'auteur des fragments attribués à Berose et conservés par Annius de Veterbe, qui l'accuse d'avoir introduit et répandu le culte du feu par tout le monde entier, montrant pour le réformateur du mazdéisme la même haine vigoureuse que celui-ci exprime pour les adorateurs des dews et des péris de l'Inde, ou pour les incantations des mages mèdes. Cette haine de l'auteur des fragments d'Annius pour Zoroastre serait même en faveur de leur authenticité, indiquant une source chaldéenne. Ce culte universel du feu s'explique, du reste, aisément par les services que cet élément rend à l'homme, dans nos climats tempérés, par le prix que les premiers peuples durent attacher à sa découverte et ensuite à sa conservation, et par la difficulté de le produire de nouveau, lorsqu'il était éteint.

Aussi, presque partout, voit-on de bonne heure un sacerdoce spécial institué exclusivement pour veiller à la conservation de ce feu sacré qu'il ne fallait jamais laisser éteindre, et d'un rite pour le rallumer, quand par malheur on l'avait laissé mourir. De là cette divinisation, dans l'Inde, du *Pramantha*, destiné à fournir une nouvelle étincelle, et dont le nom s'est conservé dans celui de ce Prométhée, dont les Grecs, trahissant ainsi leur parenté avec les Aryas, s'honoraient de descendre, et qu'ils ont représenté comme enchaîné par les Dieux sur le Caucase, nous révélant ainsi peut-être le chemin par lequel leurs frères d'Orient se sont répandus en Asie; tandis qu'eux-mêmes peuplaient d'un côté la Grèce et que, de l'autre, des tribus alliées se répandaient jusqu'en Scandinavie et de là en Islande.

En réalité, c'est au culte du Dieu du foyer, à son entretien que se réduit le premier culte de tous les peuples, comme celui de l'Irân et des Aryas. Le plus ancien sacerdoce fut celui du père de famille qui seul, à l'époque dont les hymnes du *Rig-Veda* nous ont gardé la trace, avait le droit de rallumer le tison éteint au divin Pramantha, comme, en Italie, les vestales seules, comme, peut-être, les druidesses en Germanie, devaient le ranimer au foyer d'un miroir ardent, lorsque, par aventure, elles avaient commis le crime de le laisser éteindre. Au Pérou également, le sacerdoce des Incas paraît n'avoir pas eu d'autre origine, et l'on retrouve la trace des mêmes rites au Mexique.

C'est le culte du feu qui seul peut nous expliquer l'institution de ces sacrifices qui, chez tous les peuples, ont consisté à faire consumer par le feu des victimes humaines, au Mexique et au Pérou, comme en Gaule ou en Phénicie, où les mères étaient contraintes de faire passer par le feu leurs enfants, ou de les déposer dans les bras brûlants d'un moloch d'airain. Plus tard, avec les adoucissements des mœurs, la vie des animaux racheta celle des hommes et de leurs premiers-nés. On commença par les consumer en entier, mais ensuite on ne brûla plus que leurs entrailles : on économisait avec Dieu. Toute l'histoire hébraïque se déroule durant cette seconde période; mais Japhet, Abraham en sont encore à la première. Toute la dogmatique chrétienne est basée sur l'idée de ces sacrifices ou holocaustes de victimes humaines réclamés par le créateur offensé, et qu'on retrouve jusqu'au temps où David livrait aux Gabaonites sept fils ou petits-fils de Saül.

Dans la première époque surtout, le feu n'est pas seulement un instrument liturgique du sacrifice, c'est le Dieu lui-même dévorant directement l'offrande qu'on lui fait, assouvissant sa faim sur les victimes qu'on lui offre (Herod., Thalie, XVI). Seulement, lorsque de l'adoration du feu terrestre l'imagination de l'homme passe à celle du feu céleste, quand elle multiplie les réalisations anthropomorphiques animant toute la nature de puissances volontaires et conscientes, le feu devient seulement médiateur de la prière, instrument liturgique du sacrifice dont la fumée et l'odeur sont agréables aux Dieux auxquels la flamme a mission de les porter. Mais, partout où l'on trouve en vigueur les sacrifices par le feu, ces sacrifices indiquent l'existence d'un culte du feu antérieur, dont ils ne sont que le souvenir détérioré et transformé, grâce à l'évolution de la pensée religieuse s'élevant à des conceptions plus hardies, plus hautes, et embrassant un plus vaste ensemble des phénomènes de la nature et des forces qui les produisent.

Mais, de bonne heure, les peuples adorateurs du feu semblent s'être divisés en deux groupes distincts, caractérisés par leur manière opposée de concevoir le sacrifice. Chez ceux d'entre ces peuples qui restèrent le plus longtemps attachés au culte du feu lui-même, comme Dieu, ainsi que chez les Aryas de l'Irân et de l'Inde, on cessa vite de brûler les victimes. On crut faire injure au Dieu en lui faisant détruire la vie qu'il avait donnée. On lui offrit le beurre, l'huile, les holocaustes inanimés. On défendit même de le souiller en lui faisant dévorer les morts, parce qu'un Dieu ne doit pas se nourrir du cadavre d'un homme. Il est supposable même que l'origine du mazdéisme eut pour objet principal cette réforme, cette manière toute différente de concevoir le culte du feu. En effet, Hérodote attribue explicitement aux Perses cette croyance (Thalie, XVI). Au contraire, chez les peuples qui passèrent vite à des religions solaires, comme les Egyptiens, les Phéniciens, les Grecs, les sacrifices humains et ceux des animaux par le feu persistèrent très-longtemps, le feu n'étant plus pour eux Dieu même, mais ayant mission et pouvoir d'exalter jusqu'à la divinité l'odeur et le prix du sacrifice accompli en son honneur.

En tout cas, tous ces divers peuples donnaient par là la

preuve qu'ils prêtaient aux forces naturelles divinisées, qu'ils invoquaient pour se les rendre favorables, les attributs de la conscience humaine, les passions de l'homme et ses besoins, c'est-à-dire qu'ils multipliaient les réalisations anthropomorphiques de l'idée divine.

En tout cela donc et à travers les formes si diverses revêtues par le culte durant cette longue histoire de l'humanité primitive, arrivant déjà par la curiosité à la science, il serait vain absolument de chercher la moindre trace de ce monothéisme qu'on veut placer au principe de toute évolution de la pensée religieuse, comme procédant d'une sorte de révélation supérieure, et qui n'a été partout que la dernière phase de cette évolution contemporaine du moment où l'homme, prenant enfin une connaissance complète de l'univers pour s'en former un concept total, s'éleva à l'idée d'une cause unique, seule première, seule omnipotente et seule omniprésente, seule incréée et seule indestructible, dont le temps éternel, à la fois créateur, conservateur et destructeur, celui qui est, a été et sera, dut, de très-bonne heure, sembler le symbole le plus parfait. C'est, en effet, sous cette forme que le monothéisme apparaît presque à la fois au-dessus d'un panthéon polythéiste, en Egypte, en Phénicie, en Perse, dans l'Inde. C'est le règne de Chronos succédant à celui d'Ouranos, selon Hésiode. A ces traits, on peut reconnaître une certaine parenté entre le Jehovah éternel des Hébreux, le Chronos phénicien et le Zervan-Akérèn du Parsis. Mais encore ici on commet une erreur profonde, en considérant le culte hébraïque comme ayant été monothéiste dès son principe. A son origine, le culte de Jehovah, succédant au culte polythéiste des Elohim, n'est qu'un Dieu national. S'il est tout-puissant aux yeux des Hébreux, ceux-ci n'en reconnaissent pas moins aussi la toute-puissance des Dieux des peuples voisins. La trace de ce polythéisme très-réel est manifeste en divers endroits de la Bible. Ce n'est guère qu'à l'époque des prophètes, et grâce à leur école, que Jéhovah devient le vrai Dieu unique, seul tout-puissant, seul créateur, seul dominateur du monde, seul dispensateur de la victoire ou de la défaite. C'est donc bien le monothéisme absolu que Daniel affirme devant Baal et dans la fosse aux lions; et, dès ce moment, le monothéisme juif est fanatique et nécessairement intolérant et conquérant. Il cesse d'être une religion nationale, pour tendre à devenir une religion prosélytiste universelle. Et c'est, en effet, dans ce moment qu'il déborde au delà de la Judée, dans tout le monde grec si profondément remué par Alexandre. Il est de toute probabilité que de cette époque seulement date Zervan-Akérèn et, peut-être, la trinité hindoue. La nation juive aurait donc bien, en réalité, la gloire d'avoir servi de véhicule à l'idée monothéiste, mais à une époque relativement toute récente, à cette époque où chaque peuple a cessé de s'isoler dans son égoïsme national; se croyant une race à part, issue de ses propres dieux, pour se fondre dans ce grand tout qui, seulement à partir de cette époque, a acquis la conscience de l'unité de son origine et de la solidarité de ses destinées, et s'est, depuis lors seulement, appelé du nom d'humanité.

On peut dire que les Juifs conçurent les premiers ce rêve d'une théocratie universelle, d'une hégémonie non pas seulement politique, comme celle qu'avaient rêvée les conquérants Ramsès, Alexandre ou César, mais surtout religieuse et morale, absorbant tous les peuples dans le culte d'un seul Dieu, et que le catholicisme s'est ensuite donné pour but de réaliser : ce rêve de l'union universelle de tous les groupes humains dans une même croyance, il ne peut être donné qu'à la science de le réaliser à jamais, en détruisant entre les nations toutes les barrières où l'ignorance et le préjugé les ont tenues enfermées jusqu'ici, et en assurant enfin, par la liberté, la paix du monde que le despotisme a toujours cherché à lui procurer par la guerre et la servitude de tous, sous le joug unique que les sacerdoces avaient mission de resserrer, en maintenant l'unité factice des croyances.

FIN.

2ᵉ SÉRIE.   QUINZIÈME ANNÉE.   N° 1.

BULLETIN DE PUBLICITÉ
ORIENTALE ET AMÉRICAINE

Bureaux à l'Agence orientale et américaine : Paris et Londres.

TIRAGE A 1,300 EXEMPLAIRES.

Les recueils périodiques que nous publions, et dans lesquels est inséré notre *Bulletin*, présentent au commerce et à l'industrie une publicité toute spéciale qu'on ne saurait trouver nulle part ailleurs. Ils comptent, dès à présent, des souscripteurs en Amérique, en Afrique, en Asie, en Océanie, et généralement dans les pays avec lesquels les journaux ordinaires n'ont point de relations. Ils sont également reçus par les principaux Cercles ou Sociétés industrielles, financières, scientifiques et littéraires de l'Europe, de l'Orient et du Nouveau-Monde. En résumé, ils offrent au public un genre de publicité entièrement différent de celui des journaux quotidiens, et dont on n'avait pas encore pu profiter jusqu'à présent parmi nous.

ANNONCES : La ligne (corps 7) : 40 cent., la page de 40 lignes : 12 francs ; la demi-page, 7 francs. — La ligne de colonne : 25 cent. — Faits divers : 50 cent. — Réclames : 1 fr.

CATALOGUE
DE
PUBLICATIONS ORIENTALES
ET AMÉRICAINES
POUR LA PLUPART TIRÉES A UN TRÈS-PETIT NOMBRE D'EXEMPLAIRES.

PUBLICATIONS DES SOCIÉTÉS SAVANTES :

SOCIÉTÉ D'ETHNOGRAPHIE DE PARIS.
SOCIÉTÉ AMÉRICAINE DE FRANCE.
ATHÉNÉE ORIENTAL DE FRANCE.
CONGRÈS INTERNATIONAL DES ORIENTALISTES.
SOCIÉTÉ DES ÉTUDES JAPONAISES, TARTARES ET INDO-CHINOISES.

PUBLICATIONS PÉRIODIQUES

DE LA SOCIÉTÉ D'ETHNOGRAPHIE.

La collection complète des publications périodiques de la Société d'Ethnographie comprend les ouvrages suivants :

MÉMOIRES DE LA SOCIÉTÉ D'ETHNOGRAPHIE. 1re série. (Revue orientale et américaine.) *Paris*, 1859-1865 ; 10 vol. in-8 avec cartes et planches.   125 fr.

— 2e série. *Paris*, 1866-74 ; 2 vol. in-8, avec cartes et planches.   25 fr.

ACTES DE LA SOCIÉTÉ D'ETHNOGRAPHIE. 1re série. *Paris*, 1859-64 ; 4 vol. in-8 avec planches.   50 fr.

— 2e série ; 5 vol. in-8 avec cartes et planches. *Paris*, 1864-75.   37 fr. 50

COLLECTION ETHNOGRAPHIQUE PHOTOGRAPHIÉE. (Collection de types des diverses races humaines, photographiés absolument nus et sous trois poses : face, dos et profil.) Chaque série de 12 photographies gr. in-4.   56 fr. »

Une série supplémentaire comprend les types qui n'ont pu être photographiés dans leur ensemble.

ACTES DE LA SOCIÉTÉ D'ETHNOGRAPHIE.

On peut acquérir séparément les fascicules renfermant les travaux de chaque Session aux prix suivants :

Première série.
(Tomes I à IV de la collection.)

1859-1860 (*presque épuisé*). . . . . 15 fr.
1860-64, avec planches. 6   50

1862, avec planches.............	7 fr.	50
1863-64, avec planches et 1 eau-forte.....	5	50
1864 (Mémoires sur l'archéologie américaine, avec planches)..............	15	»

Deuxième série.

(Tomes V à VII de la collection.)

1865....................	6	25
1866....................	3	50
1867-1868.................	4	50
1868-69 (*sous presse*)..........	»	»
1870 (*sous presse*)............	»	»
1871, avec planches...........	2	50
1872, avec planches...........	3	50
1873, avec planches...........	6	50

Les personnes qui désirent obtenir une collection complète de ce recueil sont priées d'en faire la demande le plus tôt possible au libraire de la Société,

MAISONNEUVE et Cie, éditeurs,

15, QUAI VOLTAIRE, A PARIS.

Il n'existe qu'un très-petit nombre d'exemplaires complets de ce recueil.

Bureaux de la Société : 20, rue Bonaparte.

MÉMOIRES

DE LA

SOCIÉTÉ D'ETHNOGRAPHIE

PUBLIÉS SOUS LA DIRECTION DE

M. Ed. MADIER DE MONTJAU,

SECRÉTAIRE DE LA SOCIÉTÉ.

Ce recueil renferme les meilleurs mémoires, présentés à la

Société d'Ethnographie de Paris, sur les diverses branches de la science qui font l'objet de ses études :

ETHNOGRAPHIE THÉORIQUE. — Origine, histoire et développement des nationalités normales. — Droit des peuples et droit international. — Constitution géographique et politique des États. — Éducation morale des nations. — Subsistance publique. — Institutions et relations internationales. — Colonisation.

ETHNOGRAPHIE DESCRIPTIVE. — Description des nationalités anciennes et modernes. — Élément des nationalités en voie de formation. — Aptitudes des races.

ETHNOLOGIE. — Modification et transformation des races et des nations. — Influence des milieux. — Influence des institutions, des mœurs, des coutumes, de la nourriture, etc., sur le caractère des peuples.

ETHNOGÉNIE. — Origine et migrations des peuples.

ANTHROPOLOGIE. — Histoire naturelle de l'homme. — Anatomie. — Physiologie.

PALÉONTOLOGIE. — L'homme et les races primitives. — Le monde anté-historique. — Les nations étudiées par les monuments.

RELIGIONS COMPARÉES. — Cosmogonie et Cosmologie. — Exégèse religieuse. — Mythologie comparée.

LINGUISTIQUE. — Philologie comparée. — Phonologie. — Littératures comparées.

MÉTAPHYSIQUE. — Psychologie. — Doctrines métaphysiques et théodicée des différentes races.

HISTOIRE NATURELLE. — Pathologie des races. — Zoologie comparée. — De la phytologie dans ses rapports avec les différentes classes d'êtres.

Ce recueil forme la seconde série (tome XI et suivants) des *Mémoires de la Société d'Ethnographie*, dont la première a paru sous le titre de *Revue orientale et américaine*.

Les volumes suivants de la collection se vendent séparément :

Tome 1 (1858-59).	. . . .	25 »	Tome 8 (1862).	. . . . .	12 50
— 2 (1859).	. . . . .	25 »	— 9 (1863-64).	. . .	10 »
— 3 (1859-60).	. . . .	8 »	— 10 (1864).	. . . . .	10 »
— 4 (1860).	. . . . .	6 »	— 11 (1865-70).	. . .	12 50
— 6 (1861).	. . . . .	12 50	— 12 Session de 1872 .		» »
— 7 (1861-62).	. . . .	12 50	— — Session de 1873 .		» »

[1

EN VENTE AU BUREAU DE LA SOCIÉTÉ

Et chez M. BOBAN, 35, rue du Sommerard, à Paris :

COLLECTION ETHNOGRAPHIQUE PHOTOGRAPHIÉE

Édition in-16, format carte de visite. — Chaque type : 0,50 centimes.

MM. les membres sont invités à prendre connaissance des types déjà publiés de cette édition à bon marché qui, si elle obtient leur appui, mettra, entre les mains de tous, de précieux documents pour l'étude de l'ethnographie. [2

PUBLICATIONS SUR LA CHINE
Par M. LÉON DE ROSNY.

NOTICE SUR L'ÉCRITURE CHINOISE et les principales phases de son histoire, comprenant une suite de spécimens de caractères chinois de diverses époques, de fragments de textes et d'inscriptions, de fac-simile, de tables, etc. *Paris*, Benjamin Duprat, 1854. — In-8, avec planches lithographiées. . . . . 5 fr. 50 c.

L'ÉPOUSE D'OUTRE-TOMBE, Conte chinois, traduit sur le texte original. *Paris*, Jules Gay, 1864. — In-12, avec le texte lithographié. . . . . 5 fr. 50 c.

A GRAMMAR OF THE CHINESE LANGUAGE. Part the first. *London*, Trübner and Co, 1874. — In-8. . . . . . . 3 fr.

LES PEUPLES DE L'ARCHIPEL INDIEN connus des anciens géographes chinois et japonais. Fragments orientaux, traduits en français. *Paris,* 1872. — In-4, avec carte et planche. . . . . 5 fr.

EN PRÉPARATION :

Hiao-king. LE LIVRE SACRÉ DE LA PIÉTÉ FILIALE, traduit du chinois et accompagné d'un commentaire perpétuel emprunté aux sources originales. — Un vol. in-8. [3

TRAVAUX ET PUBLICATIONS SCIENTIFIQUES

DE

M. LÉON DE ROSNY,

Professeur à l'Ecole spéciale des langues orientales,
Premier président et fondateur du Congrès international des Orientalistes;
président de la Société d'Ethnographie et de la Société des Études japonaises; membre de la Société française de Numismatique et d'Archéologie, de l'Athénée oriental et de la Société américaine de France;
membre de la Commission scientifique de l'Exposition universelle de 1867;
membre honoraire de l'Institut du Grand-Duché de Luxembourg et de la Société royale des Antiquaires de Portugal; membre correspondant des Académies de Nancy et de Bordeaux de la Société des sciences de Lille, de la Société havraise d'études diverses,
de la Société des Antiquaires de l'Ouest, de la Société pour l'histoire nationale de Palerme, de la Société orientale de New-Haven (Etats-Unis), de la Société orientale de Florence, et de la Société de Géographie de Genève,
Commandeur de l'ordre du Lion et Soleil de Perse et de l'ordre de Bolivar des Etats-Unis de Colombie, Officier de l'ordre de Charles III d'Espagne et du Nichan-Iftikhar de Tunis, chevalier des ordres des Saints Maurice et Lazare d'Italie et du Médjidié de Turquie, etc., Officier d'Académie.

TRAITÉ DE L'ÉDUCATION DES VERS A SOIE AU JAPON, traduit pour la première fois du japonais. *Troisième édition,* revue, corrigée, et accompagnée de planches nouvelles et d'échantillons de soieries japonaises. *Paris, Imprimerie nationale,* 1871 ; un vol. in-8.

Cet ouvrage a été traduit en italien par M. Félice Franceschini, et publié à Milan, chez l'éditeur Brigola. Une 4ᵉ édition abrégée a été publiée à Nancy.

ANTHOLOGIE JAPONAISE. Poésies anciennes et modernes des insulaires du Nippon, traduites en français et publiées avec le texte original. Avec une préface, par Ed. Laboulaye, de l'Institut. *Paris*, 1871; un vol. in-8.

ARCHIVES PALÉOGRAPHIQUES DE L'ORIENT ET DE L'AMÉRIQUE publiées avec des notices historiques et philologiques. Texte et Atlas. *Paris*, Maisonneuve et Cie, 1872; deux vol. in-8.

LES ÉCRITURES FIGURATIVES ET HIÉROGLYPHIQUES des différents peuples anciens et modernes. *Paris*, 1860; in-4, avec 10 planches en noir et en couleur. . . . 15 fr.

A GRAMMAR OF THE CHINESE LANGUAGE. Part the first. *London*, royal octavo, with plates. 3 fr. 50

Sous presse :

TEXTES CHINOIS ANCIENS ET MODERNES, traduits pour la première fois dans une langue européenne. Tome Ier. Un vol. in-8, avec planches lithographiées.

<small>École de Confucius. — Doctrine des Taosse. — Bouddhisme. — Philosophie. — Ethnographie. — Sciences naturelles. — Géographie. — Histoire. — Archéologie. — Numismatique. — Beaux-Arts. — Poésie. — Théâtre. — Romans. — Contes et nouvelles. — Apologues.</small>

Prochainement sous presse :

HISTOIRE DE LA RACE JAUNE.

Six forts volumes in-8, avec Atlas de planches et de cartes, in-folio :

Tome I. — Les peuples de Race Jaune, d'après les documents orientaux.

Tome II. — Histoire de la langue chinoise.

<small>Un prix de 1,200 francs et une mention honorable ont été décernés par l'Institut de France à deux fragments de ce volume.</small>

Tome III. — Système comparé des langues de la Race Jaune.

Tome IV. — Anthropologie, archéologie pré-historique et historique de la Race Jaune.

Tome V. — Les institutions sociales et religieuses de la Race Jaune.

Tome VI. — Ethnographie de la Race Jaune.

Ouvrages pour l'enseignement de la langue japonaise :

INTRODUCTION A L'ÉTUDE DE LA LANGUE JAPONAISE. *Paris,* 1856 ; un vol. in-4 avec planches. . . . . . 6 fr. 50

<small>Cet ouvrage a été le premier essai de Grammaire japonaise (langue écrite), publié avec le concours si indispensable des caractères originaux.</small>

ÉLÉMENTS DE LA GRAMMAIRE JAPONAISE (langue vulgaire), publiés par décision du Ministre de l'Instruction publique. *Paris*, 1873; un vol. in-8. . . . . 5 fr.

DICTIONNAIRE DES SIGNES IDÉOGRAPHIQUES de la Chine, avec leur prononciation usitée au Japon; accompagné de la liste des signes idéographiques particuliers aux Japonais, d'une table des caractères cycliques et numériques, d'un index géographique et historique, d'un glossaire japonais des noms propres de personnes, etc. *Paris*, 1867; in-8. . . . . 20 fr.

GUIDE DE LA CONVERSATION JAPONAISE, précédé d'une Introduction sur la prononciation en usage à Yédo. 2⁰ *édition;* in-8, avec planches lithographiées. . . . . . 5 fr.

THÈMES FACILES ET GRADUÉS pour l'étude de la langue japonaise, accompagnés d'un Vocabulaire français-japonais de tous les mots renfermés dans le recueil. *Paris,* 1869 ; in-8. . . . . 5 fr.

TEXTES FACILES ET GRADUÉS en langue japonaise, accompagnés d'un Vocabulaire japonais-français de tous les mots renfermés dans les exercices. *Paris,* 1873; in-8, planches lithographiées. . . . . 5 fr.

MANUEL DE LA LECTURE JAPONAISE, renfermant les éléments figuratifs et phonétiques de l'écriture *sô-syo* ; in-18.   3 fr.
INTRODUCTION AU COURS DE JAPONAIS. Résumé des principales connaissances nécessaires pour l'étude de la langue japonaise. 2° édition. *Paris*, 1872 ; in-8. . .   3 fr. 50

Recueil de Mémoires et de Notices.

ÉTUDES ASIATIQUES de Géographie et d'Histoire. *Paris*, Challamel, 1864 ; in-8. . . . .   6 fr.
VARIÉTÉS ORIENTALES, historiques, géographiques, scientifiques, bibliographiques et littéraires. 2° édition, *Paris*, Maisonneuve et Cⁱᵉ, 1869 ; in-8, planches.   6 fr.
Une 3ᵉ édition a été publiée de format in-18 Charpentier. 3 fr. 50

TRADUCTIONS

en langues étrangères de quelques-uns des ouvrages précédents.

TRATTATO SULL'EDUCAZIONE DEI BACHI da Seta al Giappone, di Siva-kava di Sendaï (Osyu), tradotto dal giapponese in francese, da Leone de Rosny. Versione italiana, di Felice Franceschini. Prima edizione italiana, sulla terza francese, riveduta dallo stesso autore, corredata da numerose incisioni. *Milano*, G. Brigola, 1870 ; in-8. . . .   5 fr.
GUIDA DELLA CONVERSAZIONE GIAPPONESE, preceduta da una Introduzione sulla pronuncia in uso a Yedo, per Leone de Rosny. Ridotta al uso degli Italiani, da Antelmo Severini. *Firenze*, Erm. Loescher, 1866 ; in-8. . .   2 fr.
HANDBOEKJE VOOR DE BEGINSELEN van het lezen en schryven der Japansche Taal, ten gebruik van reizigers endezulk en die zich op de Kennis van het Japansch wenschen toeteleggen, naar het fransch, van Léon de Rosny. *Amsterdam*, L. van Bakkenes, 1859 ; in-12, pl. lith.   2 fr. [4

Vient de paraître :

CONGRÈS INTERNATIONAL
DES
ORIENTALISTES

COMPTE-RENDU DE LA Ire SESSION.
PARIS — 1873

Tome Ier (comprenant les études japonaises, chinoises, tartares et océaniennes). Un fort volume in-8 de près de 600 pages avec 57 planches en noir, en or et en couleurs.   25 fr.

Le Tome IIe (comprenant les études égyptiennes, assyriologues, sémitiques, indiennes, bouddhisques, dravidinnes, irâniennes, arméniennes, géorgiennes et néo-helléniques) est sous presse.   25 fr.

Maisonneuve et Cie, éditeurs, 15, quai Voltaire, Paris. [5

PUBLICATIONS
RELATIVES AU
CONGRÈS INTERNATIONAL DES ORIENTALISTES
QUI SE TROUVENT AU BUREAU DE LA COMMISSION FRANÇAISE
20, rue Bonaparte, à Paris.

Une création scientifique française. Le premier Congrès international des Orientalistes, par Julien Duchateau. *Paris*, mai 1874. In-8. . . . . 75 c.

Les orateurs sténographiés par les frères Duployé : Congrès international des Orientalistes. *Paris*, **1873**. Trois numéros in-8. 45 c.

Le premier Congrès international des Orientalistes. Discussion sur les Tourans en général et sur les Turcs ottomans en particulier, par L..... *Paris*, Dentu, éditeur, **1873**. In-8. . . . . 1 fr.

Congrès international des Orientalistes. Première session (tenue à Paris en septembre 1873). Discours de réception à l'Académie de Stanislas, par Lucien Adam. *Nancy*, **1874**. In-8. . . . . 2 fr.

Exposição feita perante os membros da Commissão Nacional Portugueza do Congresso internacional dos Orientalistas, convocados para constituirem uma Associação promotora dos Estudos Orientaes e Glotticos em Portugal, por G. de Vasconcellos Abreu. *Lisboa*, **1874**. In-8. 3 fr.

Kongres miedzynarodwy Orientalistów. 2ᵉ Sessya, **1874**. *Londyn-Paryż*, **1874**. In-8. . . . . 75 c.

Le premier Congrès international des Orientalistes, par André Lefèvre. *Paris*, **1873** (extrait de la *Philosophie positive*). In-8. . . . . 2 fr.

Le Congrès international des Orientalistes. Compte-rendu de la première session, par le baron Textor de Ravisi. *Nantes*, **1873**. In-8 (avec portrait gravé du président du Congrès). . . 2 fr. 50

International Congress of Orientalists. Law and Regulation. *London*, **1874**. In-8. . . . . 50 c.

Hymne à Bouddha, musique composée à l'occasion du Congrès international des Orientalistes, par St. Pilinski. *Paris*, **1874**. In-4. . . . . 3 fr. [6

ATHÉNÉE ORIENTAL.

EN VENTE CHEZ LE SECRÉTAIRE-ADMINISTRATEUR

J. DUCHATEAU,

49, rue des Poissonniers-Montmartre :

Bulletin de l'Athénée oriental (collection complète), 3 vol. in-8°, avec figures et planches. . . . . 30 fr.

On vend séparément.

.Tome I..........................
— II...........................
— III...........................
(Il ne reste plus que quelques collections complètes.)

PUBLICATIONS DE M. JULIEN DUCHATEAU.

Sur l'origine de l'écriture japonaise et sumérienne. P:
1873, in-8, fig.
Notice nécrologique sur Charles de Labarthe, secré
de l'Athénée oriental. Paris, 1871 ; in-8.
La même, avec portrait héliographié.
Les Buveurs du Fleuve Jaune, chanson chinoise bachiqu
Li Thaï-pé, — paroles de Leone d'Albano, — musique
Julien Duchâteau; chantée par le compositeur, dans la
médie japonaise *Le Couvent du Dragon vert*, sur le the
de l'Athénée oriental. Autographiée, in-8.
En noir.
Notice nécrologique sur Charles Texier, membre de
stitut, Président de l'Athénée oriental. Paris, 1873.
La même, avec portrait.

EN PRÉPARATION :

Études sur l'assyriologie comparée, 1 vol. 5 fr.
Dictionnaire biographique des orientalistes français. 2
in-8 avec portraits.
Histoire générale de la chasse en Orient. 1 vol. in-8. 1
Les peuples et la langue des Celtes; in-8.
Documents sur l'empire chinois. 2 vol. in-4 avec pl. 2
Document sur l'empire du Japon. 2 vol. in-4. 2
   Id. sur les mœurs des Aïnos et Kouriliens. 1 vol.
De l'industrie chinoise des fleurs artificielles en ci
   comparer avec l'industrie européenne; in-8 avec pl. 1 f
Études sur la philologie et la linguistique. 1 vol.
   Id. sur les mœurs des Coréens, sur les peuples lolo
malgaches. 2 fr. 5

Madier de Montjau. — De l'émigration des Chinoi
point de vue des intérêts européens. *Paris*, 1
In-8. 5 f

SOCIÉTÉ AMÉRICAINE DE FRAN

Annuaire de la Société américaine de France.
73. — Deux volumes in-8° avec planches, reliés er
quin.

L'*Annuaire* et les autres publications de la Société /
trouvent chez les libraires correspondants dont les noms

LIBRAIRES DE L'ÉTRANGER :

Europe.

PARIS, Antonin Chossonnery, 47, quai des Grands-Aug

LONDRES.	Trübner and Cie.	VIENNE.	Gérol
BRUXELLES.	Office de publicité.	COPENHAGUE.	Gyldє
LA HAYE.	Belinfante frères.	STOCKHOLM.	Bonn
LEIPZIG.	F.-A. Brockhaus.	St-PÉTERSBOURG.	Dufoι
BERLIN.	Asher.	GENÈVE.	Cherl
BONN.	Marcus.	TURIN.	Boccɑ
BRÊME.	Heyse.	MILAN.	Dumc
DRESDE.	Arnold.	VENISE.	Muns
FRANCFORT-S.-M.	Baer.	ROME.	Merlє
HAMBOURG.	Meisner.	NAPLES.	Pellil
HEIDELBERG.	Winter.	MADRID.	Moro,
LUBECK.	Asschenfeldt.	LISBONNE.	Silva
MUNICH.	Kaiser.	CONSTANTINOPLE.	Koeh
OLDENBOURG.	Schulze.	BUCHAREST.	Roset
STUTTGARD.	Paul Neff.	ATHÈNES.	Nast.

Amérique.

QUÉBEC.	Cremazy.	BOGOTA.	Moniι
NEW-YORK.	Baillière.	QUITO.	Cousi
NOUV.-ORLÉANS.	Hébert.	LIMA.	Baillγ
SAN-FRANCISCO.	Payot.	LA PAZ.	Paul
MEXICO.	Brun.	SANTIAGO.	Juste
GUATÉMALA.	Goubaud.	BUENOS-AYRES.	Mediɪ
LA HAVANE.	Charlain.	MONTÉ-VIDÉO.	Bouso
CARACAS.	Geyler.	RIO-DE-JANEIRO.	Garni

La Société a cru devoir conserver provisoirement
libraires-correspondants de l'ancien Comité d'archéologiє
cette liste sera revisée pour l'*Annuaire* de 1874, et ce
maintenu qu'aux libraires qui auront envoyé à la Socié
de 8 francs, *prix net* pour six souscriptions au futur A;
somme est acceptée en timbres-poste de chaque pays).

TIRAGES A PART.

Beauvois (E.). — Découverte des Scandinaves en Amérique, du x° au xiii° siècle. Fragments de sagas islandaises, traduites pour la première fois en français. Paris, 1859. — In-8 (*Épuisé.*) 3 fr. 50

Charencey (H. de). — Éléments de la grammaire Hottentote (dialecte Nama). *Paris*, 1860. In-8. 3 fr. 50

— Le Déluge et les livres bibliques. *Paris*, 1858. In-8. 1 fr.

Cortambert. — Tableau de la Cochinchine, par E. Cortambert et Léon de Rosny. *Paris*, 1862; gr. in-8, avec carte et planches. 10 fr.

Duhousset (E.). — Études sur les populations de la Perse et pays limitrophes. *Paris*, 1863. In-8, avec planches. 3 fr. 50

Feer (Léon). — Études bouddhiques. Des Vyakarana et de leur place dans la littérature des Buddhistes. *Paris*, 1862. In-8. 2 fr.

— Le Tibet, le Buddhisme et la langue tibétaine. *Paris*, In-8. 3 fr.

Furet. — Lettres sur l'Archipel japonais et la Tartarie orientale, par le P. Furet, membre correspondant aux îles Lou-tchou. Précédées d'une Introduction par E. Cortambert, et suivies d'un Traité de philosophie japonaise et de plusieurs vocabulaires. *Paris*, 1860. In-12. 3 fr.

Jomard. — Classification méthodique des produits de l'Industrie extra-européenne. *Paris*, 1862. In-8. 2 fr. 50

Labarthe (Charles de). — Aperçu de la science ethnographique. *Paris*, 1866. In-8. 3 fr. 50

— Les sacrifices humains au Mexique. *Paris*, 1862. In-8, planche coloriée. 3 fr. 50

Labarthe (Charles DE). — Documents inédits sur l'empire des Incas. *Paris*, in-8. 2 fr.

— De l'État social et politique du Mexique, avant l'arrivée des Espagnols. — *Paris*, 1865. In-8. 2 fr.

— Précis de la langue Nouka-Hiva (îles Marquises). *Paris*, 1855. In-8. 1 fr. 50

— Rapport annnel sur les progrès de l'Ethnographie orientale. *Paris*, 1862. In-8. 1 fr.

Mohsein-Khan. — Un pèlerinage à la Mecque. Souvenirs d'un Croyant. *Paris*, 1863. In-8, avec carte. 3 fr. 50

Oppert. — Nnnemmmmresusus, roi de Babylone. Les inscriptions Cunéiformes déchiffrées une seconde fois. *Paris*, 1859. In-8. 2 fr.

— Réponse à M. Ernest Rensn (sur les inscriptions Cunéiformes). *Paris*, 1859. In-8. 3 fr.

Othomi. — Éléments de la Grammaire Othomi, traduits de l'espagnol, accompagnés d'une notice d'Adelung sur cette langue, traduite de l'allemand, et suivis d'un Vocabulaire Comparé Othomi-Chinois. *Paris*, 1863. In-8. 3 fr. 50

Schœbel (Ch.). — La Bhagavad-gita. Étude de philosophie indienne. *Paris*, 1861. In-8. 1 fr. 50

—Sur l'Universalité du Déluge. *Paris*, 1859. In-8. 1 fr. 50

— Étude sur la vertu « être ». — *Paris*, 1861. In-8. 1 fr.

Schwab (Moïse). — La Philosophie de Maïmonide. *Paris*, 1861. In-8. 1 fr. 50

Texier, de l'Institut. — Les grandes Chasses d'Afrique. Souvenir de 1846. — *Paris*, 1860. In-8. 1 fr. 50

— Les Tribus arabes de l'Irac-Arabi. *Paris*, 1860. In-8. 2 fr.

Vinson (Julien). — Légende tamoule relative à l'auteur des Kur'al, précédée d'une Introduction sur la philosophie dravidienne. *Paris*, 1863. In-8. 3 fr.

ARCHÉOLOGIE.

LA GAULE AVANT L'EMPLOI DES MÉTAUX,

OBJETS DIVERS DE L'INDUSTRIE HUMAINE
SE RAPPORTANT A L'AGE DE LA PIERRE.

En vente également les moulages de la collection LARTET et CHRISTY, etc., etc.

VENTE. — ACHAT. — ÉCHANGE. [11

Chez E. BOBAN, 35, rue du Sommerard, à Paris,

A VENDRE deux paravents curieux, l'un antique japonais sur fond or des plus remarquables; l'autre, en bois découpé, ouvrage des indigènes de Yézo. — S'adresser, 3, rue Clapeyron. [12

A VENDRE : Herbier des îles Kerkenna (Tunisie). — S'adresser : 20, rue Bonaparte. [13

CONGRÈS DES AMÉRICANISTES,
PREMIÈRE SESSION
A NANCY — AVRIL — 1875

On souscrit à Nancy, chez M. Grosjean Maupin, 20, rue Héré.

A Paris, 20, rue Bonaparte, à la Société d'Ethnographie.

CONGRÈS DES ORIENTALISTES
2ᵉ SESSION — LONDRES — 1874

On souscrit aux *Mémoires*, 12 fr., à Paris, adresse ci-dessus.

Paris. — Imprimerie de madame veuve Bouchard-Huzard, rue de l'Eperon, 5.

CONGRÈS INTERNATIONAL

DES

AMÉRICANISTES

1re SESSION. — NANCY

Du 19 au 22 Juillet 1875

Invitation.

Une réunion internationale des personnes qui s'occupent de l'Histoire de l'Amérique avant la découverte de Christophe Colomb, de l'interprétation des Monuments écrits et de l'Ethnographie des races indigènes du Nouveau-Monde, aura lieu à Nancy, du 19 au 22 juillet 1875. Une Exposition d'Archéologie Américaine sera ouverte pendant la même période.

Toute personne s'intéressant aux études qui motivent cette réunion peut être inscrite comme membre du Congrès en adressant dès à présent : 1º ses nom, prénoms et qualités ; 2º son adresse exacte ; 3º la somme de 12 francs, montant de la souscription, en un mandat ou en timbres-poste du pays où elle réside. On recevra, par le retour du courrier, la *carte de membre* qui donnera droit de participer

S'adresser, pour renseignements, programmes et cartes, au Bureau spécial 49, rue de Rennes (ouvert, tous les jours, de 8 heures du matin à 10 heures du soir.)

à tous les travaux de la réunion et de recevoir le volume qui renfermera le Compte rendu de ses travaux.

La liste des premiers adhérents sera publiée prochainement, ainsi que celle des Comités d'organisation français et étrangers.

Le Comité central d'organisation recevra avec reconnaissance toutes les communications qu'on voudra bien lui adresser pour cette session. En attendant, il a cru devoir formuler les questions suivantes, sur lesquelles il appelle l'attention des amis de l'Archéologie et de l'Ethnographie américaines :

1° Rapports de l'Europe, de l'Afrique, de l'Asie et de l'Océanie avec l'Amérique avant Christophe Colomb ;

2° Interprétation des documents écrits de l'antiquité américaine (peintures didactiques mexicaines, écriture calculiforme, maya et palenquéenne, Quippou péruvien, écritures des populations indiennes de l'Amérique du Nord, Inscriptions, etc.);

3° Classification ethnographique et linguistique des populations indiennes du Nouveau-Monde.

Des programmes détaillés seront ultérieurement publiés.

Pour le Comité de Nancy :
Lucien ADAM, *Secrétaire*.

Pour la délégation de la Société américaine de France :
Émile BURNOUF, *Secrétaire*.

N. B. — Les souscriptions sont reçues à Nancy, chez M. GROSJEAN-MAUPIN, Trésorier du Congrès, rue Héré, 20, et au siége de la Société Américaine de France, 20, rue Bonaparte, à Paris.

Les versements peuvent être également effectués dans toutes les succursales de la Société Générale, au crédit de M. Grosjean-Maupin, Trésorier du Congrès (compte de l'agence de Nancy).

STATUTS

Article 1ᵉʳ.

Le Congrès international des Américanistes a pour objet de contribuer au progrès des études ethnographiques, linguistiques et historiques relatives aux deux Amériques, spécialement pour les temps antérieurs à Christophe Colomb, et de mettre en rapport les personnes qui s'intéressent à ces études.

Art. 2.

La première Session aura lieu en 1875. — La ville où se tiendra cette Session sera désignée par le Conseil de la Société Américaine de France. La durée de la Session sera de quatre jours.

Art. 3.

Feront partie de ce Congrès et auront droit au Compte rendu imprimé de ses travaux toutes les personnes qui feront la demande d'une carte de membre, en remettant la somme de 12 francs, montant de la cotisation.

Art. 4.

Durant la période qui précédera l'ouverture du Congrès, deux Comités seront constitués, savoir : 1° un Comité local d'organisation dans la ville où devra siéger le Congrès ; 2° une Délégation centrale de la Société Américaine de France, instituée à Paris, siége de ladite Société.

Art. 5.

Le Comité local d'organisation, pour la première Session, élira, parmi ses membres, un Président, un Secrétaire et un Trésorier du Congrès : les deux premiers à titre provisoire, et le troisième à titre définitif.

Art. 6.

Le Comité local est chargé de centraliser les adhésions, de délivrer les cartes de membres, de publier et de distribuer à l'avance le programme des séances, et de prendre les soins matériels nécessaires pour l'organisation et la tenue des séances.

Art. 7.

La Délégation centrale de Paris est chargée de seconder le Comité local, tant pour recueillir les souscriptions que pour réunir les travaux destinés au Congrès.

Art. 8.

A l'ouverture de la Session, les membres procèdent à l'élection définitive du Bureau et du Conseil.

Art. 9.

Le Bureau se composera d'un Président élu parmi les membres résidents de la localité où siége le Congrès et de quatre Vice-Présidents, dont un, quand la Session sera tenue en France, devra être choisi parmi les membres de la Société Américaine.

Art. 10.

Le Conseil se composera d'un membre français par vingt adhérents français et d'un membre étranger par chaque groupe de cinq membres d'une même nationalité, et dont la présence effective aura été notifiée au Bureau. — Dans tous les cas, toute nationalité représentée au Congrès devra être représentée aussi au Conseil par un membre au moins.

Art. 11.

Le Conseil, réuni au Bureau, statue seul sur toutes les questions administratives durant la Session.

Art. 12.

A la dernière séance, l'Assemblée entend la lecture d'un Rapport sur les comptes financiers de la Session, lesquels, néanmoins, ne pourront être clos qu'après la publication du Compte rendu des travaux. — Elle désigne, en outre, la localité où se tiendra la Session suivante, et élit le Président de cette Session.

Art. 13.

Des délégués régionaux français et étrangers, chargés de recueillir des adhésions pour chaque Session, seront nommés à la séance de clôture. Cette nomination sera faite par les représentants de la Société Américaine, quand la Session sera tenue en France.

Art. 14.

La publication du Compte rendu de chaque Session est confiée au Comité local.

Art. 15.

Une fois toutes les dépenses de la Session et de ses publications soldées, le reliquat en caisse est porté à l'actif de la Session suivante.

Art. 16.

Les livres et manuscrits ou autres objets offerts au Congrès, durant une Session, sont acquis à la ville où cette Session a été tenue.

Art. 17.

Les Statuts, formant le pacte social auquel auront adhéré les membres d'une Session, ne pourront être modifiés à cette Session que pour la Session suivante.

Toute demande de modification devra être signée par le dixième au moins des membres présents. Le vote sur cette demande ne pourra avoir lieu que sur un Rapport présenté par un membre du Conseil, désigné à cet effet par le Bureau.

Paris, 25 août 1874.

Le Président de la Société Américaine de France,
ED. MADIER DE MONTJAU.

Le Secrétaire,
Émile BURNOUF.

Par décision du Conseil de la Société Américaine de France, en date du 30 septembre, la ville de Nancy a été désignée comme lieu de réunion de la première Session.

La liste des membres formant les deux Comités prévus par l'article 4 des Statuts sera publiée incessamment, ainsi que la première liste des membres souscripteurs.

COMITÉ LOCAL D'ORGANISATION

NANCY

Président :

M. le baron GUERRIER DE DUMAST (✻, O✻), correspondant de l'Institut, place Carrière, 38, à Nancy.

Secrétaire :

M. LUCIEN ADAM (✻), rue des Tiercelins, 34, à Nancy.

Membres :

MM. le général DIDION (C✻), correspondant de l'Institut, à Nancy.

GODRON (O✻), doyen honoraire de la Faculté des Sciences de Nancy.

SIMONIN (Edmond) (✻), professeur à la Faculté de médecine, secrétaire perpétuel de l'Académie de Stanislas, à Nancy.

MOREY (✻), architecte, correspondant de l'Institut, à Nancy.

LEUPOL (O✻), de l'Académie de Stanislas, à Nancy.

RAMBAUD, professeur à la Faculté des Lettres de Caen.

BRUNEAU (Albert), à Nancy.

Trésorier :

M. GROSJEAN-MAUPIN, rue Héré, 20, à Nancy.

DÉLÉGATIONS

Délégation centrale de la Société Américaine de France, à Paris.

MM.

Madier de Montjau, *président*.
Geslin, *vice-président*.
Burnouf (Émile), *secrétaire*.

Délégations étrangères.

Luxembourg : Professeur Blaise, à Luxembourg.
Angleterre : W. Bollaert, à Londres.
Belgique : E. Dupont, à Bruxelles.
Portugal : Le chevalier Da Silva, à Lisbonne.
Espagne : Don Vicente Vasquez-Queipo, à Madrid.
Roumanie : Le Dr Urechia, à Bucarest.
Hollande : Le Dr Leemans, à Leyde.
Autriche : Le Dr Reinisch, à Vienne.
Norwége : Le professeur Lieblein, à Christiania.
Suède : Hans Hildebrandt, à Stockholm.
Algérie : Houdas, professeur à la chaire d'Oran.
Japon : Imamura Warau, à Paris.
Pays Slaves : Louis de Zélinski, à Nijni-Novogorod.
États-Unis de Colombie : José-Maria Samper, à Bogota.
États-Unis : Le professeur Henry, à Washington.
Buénos-Ayres : Don Vicente Quesada, à Buénos-Ayres.
Mexique : Don Francisco Pimentel, à Mexico.
Salvador : Torres-Caicedo (O✱).
Guyane française : Couy (✱), maire de Cayenne.

La liste des autres délégués sera ultérieurement publiée.

www.ingramcontent.com/pod-product-compliance
Lightning Source LLC
Chambersburg PA
CBHW070301100426
42743CB00011B/2302